Geri Scazzero und Peter Scazzero

Ich geb auf mich acht

Begleitkurs für Gruppen und Selbststudium

BRUNNEN
Verlag GmbH · Giessen

Titel der amerikanischen Originalausgabe:
The Emotionally Healthy Woman Workbook

Deutsch von Francine Smalley
Lektorat: Konstanze von der Pahlen

www.brunnen-verlag.de
Umschlagmotiv: Shutterstock
Umschlaggestaltung: Daniela Sprenger
Satz: DTP Brunnen
Druck: Basse Druck, Hagen
ISBN 978-3-7655-0883-7

Inhalt

Herzlich willkommen!

Liebe Leserinnen,

bei meinen Reisen komme ich überall auf der Welt mit Frauen ins Gespräch. Viele kämpfen mit denselben Schwierigkeiten:

- Schuldgefühle und Unsicherheit zur Frage: Was ist eine Frau nach Gottes Willen?
- Frust in Bezug auf die Erwartungen von Familie und Gesellschaft
- Angst, für Unfrieden zu sorgen oder Leute zu verärgern
- unbefriedigende Ehen und Beziehungen
- Ohnmacht in schwierigen Situationen
- Traurigkeit angesichts einer Zukunft, die keine Hoffnung auf Besserung verspricht

Ich vernehme aber auch eine tiefe Sehnsucht nach Freiheit und Aufblühen-Dürfen in der Liebe zu Gott, zu sich selbst und zu anderen.

„Ich geb auf mich acht" ist das Resultat eines langes Weges. Ich musste mit Verhaltensweisen Schluss machen, die zwar in Gemeinden als akzeptabel gelten, in Wirklichkeit aber die Seele sterben lassen. Diese Verhaltensweisen haben keinen Platz im Reich Gottes. Die acht „Schluss mit …"-Themen und die Entscheidungen, in diesen Bereichen etwas zu ändern, haben sich über einen Zeitraum von 15 Jahren entwickelt. Alle Bereiche mussten hart erkämpft werden, aber mit der Zeit veränderten sie mich, meine Ehe, meinen Erziehungsstil, unsere Gemeinde und viele andere Menschen und Gemeinden auf der ganzen Welt.

Die Entscheidung, etwas zu ändern, ist keine einmalige Sache. Es geht um den Weg zu einem veränderten Lebensstil. Dazu braucht man Gnade und den Mut, unbewusste Lebensmuster aufzugeben. Ich bin mehr denn je überzeugt, dass die Lösung darin liegt, verdrehte oder vernachlässigte biblische Wahrheiten wieder neu zu entdecken.

Wenn Veränderung geschehen soll, braucht es Entschlossenheit, Gebet und eine gesunde Gemeinschaft. Mein Wunsch ist es, dass dieses Buch und die Hilfestellungen dazu Ihnen genau das geben.

„Ich geb auf mich acht" möchte etwas anstoßen, das heutzutage in der geistlichen Lehre und in der Nachfolge oft vernachlässigt wird: die Zusammenführung von emotionaler Gesundheit und geistlicher Reife.

Jede Einheit behandelt einen „Schluss mit …"-Bereich. Sie sind zwar unabhängig voneinander, doch als Ganzes geben sie eine gute Richtung vor, um das eigene Leben zu verändern.

Unsere Gespräche in diesem Buch und die acht „Schluss mit …"-Themen gehen weit über die sichtbare Spitze des Eisbergs unseres geistlichen Lebens hinaus. Sie führen uns in die Tiefe unseres Herzens. Es ist mein Gebet, dass Sie sich für Jesus öffnen. Dann wird der Heilige Geist Ihnen helfen, die unermessliche Liebe Gottes in einer freisetzenden und tief gehenden Weise zu erfahren. Und dann können Sie genau diese Liebe auch an andere weitergeben.

Herzlichste Segenswünsche
Geri

Vorschlag für Grundregeln in der Kleingruppe

Bewahren Sie Diskretion und Vertraulichkeit in der Gruppe. Um eine sichere und geschützte Atmosphäre zu schaffen, in der Menschen sich öffnen können, muss die Regel gelten: Alles, was in der Gruppe gesagt wird, bleibt auch in der Gruppe. Respektieren Sie die anderen Teilnehmer und geben Sie nichts von dem, was in der Gruppe gesprochen wird, an Außenstehende weiter.

Reden Sie nur für sich selbst. Verwenden Sie „Ich"-Aussagen.

Nehmen Sie Rücksicht auf die anderen in der Gruppe. Wenn Sie erzählen, tun Sie es kurz und prägnant und denken Sie an die Zeitlimits, damit andere auch zu Wort kommen können.

Seien Sie offen für die Erfahrungen anderer. Wenn Sie merken, wie Sie auf Abwehr gehen oder innerlich Urteile fällen, wenn jemand etwas erzählt, fragen Sie sich einfach: „Was hat sie wohl zu dieser Überzeugung gebracht?" „Ich wüsste gern, was er jetzt empfindet." „Was offenbart mir meine Reaktion über mich selbst?"

Teilnahme: Wenn irgend möglich, besuchen Sie jedes Treffen. Die Treffen sollten pünktlich beginnen und enden. Jede Einheit ist auf eine Dauer von etwa 80 bis 95 Minuten angelegt.

Vorbereitung: Um möglichst viel von der gemeinsamen Zeit zu profitieren, bitten wir Sie herzlich, die entsprechenden Kapitel im Buch „Ich geb auf mich acht" (vormals: „Jetzt ist Schluss!") zu lesen. Bringen Sie das Buch, dieses Begleitheft und Ihre Bibel mit zu den Treffen.

Entdecken Sie die Chance der Stille: Es ist völlig in Ordnung, wenn zwischen den Gesprächsbeiträgen einzelner Teilnehmer auch einmal Stille herrscht. Das gibt allen die Möglichkeit zum Nachdenken und Reflektieren. Und denken Sie daran: Es besteht kein Druck, sich zu öffnen. Niemand muss reden.

Woche 1

Schluss mit: Was denken die anderen von mir?

Textgrundlage: „Ich geb auf mich acht", Kapitel 1

Wir freuen uns, dass Sie sich für diesen Kurs entschieden haben! Gemeinsam werden wir Themen behandeln, über die in unseren Kirchen und Gemeinden kaum gesprochen wird. Sie sind jedoch sehr wichtig, weil sie unsere Fähigkeit beeinflussen, Gott, uns selbst und andere ehrlich zu lieben.

Die folgenden Fragen beleuchten einige dieser Themen. So erhalten Sie eine Vorstellung davon, was während Ihrer Reise zu emotionaler Gesundheit auf Sie zukommen wird:

- Brauchen Sie die Bestätigung anderer, um sich gut zu fühlen?
- Haben Sie ein schlechtes Gewissen, wenn Sie wütend, traurig oder enttäuscht sind?
- Haben Sie das Gefühl, keine Wahl zu haben?
- Übernehmen Sie für andere Dinge, die sie selbst tun könnten und sollten?
- Bleiben Ihre eigenen Wünsche und Träume meist auf der Strecke, weil Sie nur andere Menschen im Blick haben?
- Sagen Sie oft Ja, obwohl Sie lieber Nein sagen würden?
- Fällt es Ihnen schwer, sich ehrlich zu äußern, wenn Sie anderer Meinung sind oder etwas anderes wollen?
- Nimmt Ihre Fähigkeit zu lieben eher ab statt zu?

- Sind Sie müde und gereizt, weil Sie versuchen, immer alles selbst zu machen?
- Scheuen Sie sich, Ihre Schwächen und Fehler zuzugeben?
- Stellen Sie eher Vermutungen (über Menschen und Situationen) an, statt nach der Wahrheit zu fragen?

Zum Einstieg

(20 Minuten)

1. Stellen Sie sich kurz vor. Teilen Sie den anderen mit, was Sie sich von diesem Kurs erhoffen.

2. Erzählen Sie, was Sie erfüllt, wann Sie sich ganz und gar lebendig fühlen.

3. Lesen Sie den Vorschlag für Grundregeln in der Kleingruppe. Ergänzen Sie gegebenenfalls, wenn Ihnen noch etwas anderes wichtig ist.

Persönlicher Austausch

(15 Minuten)

Unsere Reise zu emotionaler Gesundheit beginnt meist erst dann, wenn wir feststellen, dass das Problem in uns selbst und nicht irgendwo außerhalb liegt. Wir können nur für uns selbst Verantwortung übernehmen und aus eigenen ungesunden Mustern aussteigen.

Es braucht Mut, die acht „Schluss mit …“-Themen anzugehen! Es geht darum, mit den Dingen Schluss zu machen, die nicht zu einem gesunden Christsein gehören. Wir beginnen mit Absicht mit „Schluss mit: Was denken die anderen von mir?“, weil dieser Punkt für die meisten von uns (meist unbewusst) ein zentraler Stolperstein ist.

Die Kernfrage dahinter ist: Worauf stützen wir unsere Identität? Auf Gottes bedingungslose Liebe – oder darauf, was andere von uns denken und auf ihre Zustimmung und Anerkennung? Gottes Ja zu uns ist so tief und umfassend, dass wir nichts tun müssen, um ihm zu gefallen. Wir müssen ihm nichts beweisen.

Beantworten Sie die folgenden Fragen in Zweiergruppen:

1. Welche Aussage aus dem obigen Text spricht Sie am meisten an?

2. Beschreiben Sie eine Situation, die nicht lange zurückliegt, in der Sie nicht gesagt haben, was Sie wirklich denken oder fühlen, oder Ja gesagt haben, obwohl Sie eigentlich Nein sagen wollten.

Bibelgespräch: 2. Mose 32,1-8.19-21

(25 Minuten)

> *Gott hatte die Israeliten durch ein Wunder aus der Sklaverei in Ägypten befreit. Sie waren unterwegs durch die Wüste, als Mose, ihr Leiter, sie für 40 Tage und Nächte allein ließ. Das verunsicherte sie sehr. Aufgebracht baten sie Aaron um eine sichtbare Beruhigung.*

Lesen Sie den Bibeltext gemeinsam.

1. Stellen Sie sich vor, Sie wären damals dabei gewesen (Verse 1-6): Was sehen, hören und fühlen Sie?

2. Durch die lange Abwesenheit von Mose wuchs die Angst im Volk. Mit wem können Sie sich am besten identifizieren?

3. Aaron gab dem Druck des Volkes nach und beteiligte sich an der Herstellung des goldenen Kalbes (Vers 4). Was waren die Folgen davon, dass Aaron mehr Angst davor hatte, was die anderen von ihm dachten, als auf Gottes Stimme zu hören (Verse 6-8)?

4. Wie hätte Aaron reagieren können, wenn er nicht der Menschenfurcht erlegen, sondern in Gottes Liebe verwurzelt geblieben wäre?

Persönliche Umsetzung

(20 Minuten)

Unsere Liebens-Würdigkeit, d.h. unser Gefühl, gut genug und der Liebe würdig zu sein, muss in zwei grundlegenden Wahrheiten gegründet sein. Erstens: Wir sind unendlich wertvoll und kostbar, weil wir nach Gottes Bild geschaffen sind. Zweitens: Jesus hat sein Leben für jede von uns gegeben. Aufgrund dieser beiden Wahrheiten müssen wir nirgends sonst nach Bestätigung für unsere Liebens-Würdigkeit suchen.

Bilden Sie für die folgende Übung Dreiergruppen.

1. Nehmen Sie sich zwei Minuten Zeit, und denken Sie über die folgenden Aussagen nach. Kreuzen Sie an, was am besten auf Sie zutrifft.

   Mein Selbstwertgefühl wird nach meinem Empfinden infrage gestellt, wenn …

   - ❑ ich von bestimmten Menschen keine Zustimmung erhalte.
   - ❑ ich Fehler mache oder versage.
   - ❑ andere mich kritisieren.
   - ❑ ich nicht mehr weiß als die anderen.
   - ❑ ich mich von anderen abgelehnt fühle.
   - ❑ ich den Eindruck habe, nicht gebraucht zu werden.
   - ❑ andere mich nicht für verantwortungsbewusst, loyal und zuverlässig halten.
   - ❑ andere mich nicht als etwas Besonderes sehen.
   - ❑ andere mich für schwach halten.
   - ❑ ich mit jemandem einen Konflikt habe.
   - ❑ jemand wütend auf mich ist.
   - ❑ ich nicht produktiv bin.
   - ❑ sich meine Kinder danebenbenehmen.
   - ❑ andere etwas Schlechtes von mir denken.
   - ❑ … sonst etwas, das Sie beeinflusst:

Tauschen Sie Ihre angekreuzten Antworten in der Dreiergruppe aus.

2. Denken Sie an die letzte Woche. Gibt es eine Situation, in der Ihre Reaktion mehr Ihrer Angst entsprang, als aus ehrlichem Herzen zu kommen? (Z. B.: Sie haben geschwiegen; ein schwieriges Thema umschifft; den Eindruck vermittelt, mit etwas einverstanden zu sein, obwohl dem nicht so war; Sie haben gelogen.)

3. Was können Sie das nächste Mal tun, wenn Sie sich in einer ähnlichen Situation befinden, um nicht unüberlegt zu reagieren und ehrlich zu antworten?

Wenn es die Zeit erlaubt, beten Sie füreinander.

Häufig gestellte Fragen

(5 Minuten)

Versuchen Sie die Fragen gemeinsam zu beantworten, bevor Sie die persönlichen Antworten der Autoren lesen.

1. Die Aussage: „Schluss mit: Was denken die anderen von mir?“ kann kalt und gleichgültig wirken. Was sagen Sie dazu?

Antwort: Im Gegenteil: Nicht mehr nach der Maxime zu handeln: „Was denken die anderen von mir?“, macht mich aufmerksamer für die Menschen um mich herum und ich kann besser auf sie eingehen. Es geht letztlich um die Frage, was mein Verhalten antreibt und worin meine Identität begründet ist: Annahme von anderen – oder Annahme von Gott und darauf hören, was er meint. Dies ist letztlich die beste Liebestat für mein Umfeld.

2. In meinem Leben dreht sich vieles darum, anderen zu gefallen. Wie kann Gottes Liebe tiefer in mein Herz eindringen, damit ich in Freiheit aus seiner Liebe lebe?

Antwort: Diese Freiheit ist tatsächlich nur dann möglich, wenn wir zutiefst in Gottes Liebe verwurzelt sind. D. h. konkret, ich erinnere mich nicht nur ein Mal am Tag daran, dass Gott mich liebt. Diese Tatsache muss uns ständig begleiten. Möglichkeiten, immer wieder innezuhalten und den Herzschlag der Ewigkeit zu spüren, sind Stille, Gottes Wort, Natur und Kontemplation. Sie führen uns zu der zentralen Botschaft der Liebe Gottes.[1]

Zum Weiterdenken

(5 Minuten)

Nehmen Sie sich Zeit, um vor Gott zur Ruhe zu kommen, und beantworten Sie dann die folgenden Fragen.

1. Was habe ich heute über mich, über andere oder über Gott gelernt?

2. Was wäre ein erster, kleiner Schritt, den ich gehen kann, um nicht mehr abhängig davon zu sein, was andere von mir denken?

Gemeinsames Gebet

Herr, hilf uns, nicht mehr abhängig davon zu sein, was andere von uns denken. Schenk uns, dass wir aus der Freiheit und der Freude leben können, die tief in deiner Liebe verankert ist.

Vorbereitung: Lesen Sie aus dem Buch „Ich geb auf mich acht" (vormals: „Jetzt ist Schluss!") Kapitel 2 („Schluss mit Lügen").

Woche 2

Schluss mit Lügen

Textgrundlage: „Ich geb auf mich acht", Kapitel 2

Lügen und „so tun, als ob" sind uns oft so in Fleisch und Blut übergegangen, dass sie uns kaum noch auffallen. Und wenn wir sie doch bemerken, dann denken wir uns nichts dabei, weil es schließlich „alle so machen". Unehrlichkeit ist so sehr Teil unserer Welt – in Politik und Wirtschaft, bei der Steuererklärung, bei Bewerbungen, in der Werbung, in Familie und Freundschaft, am Arbeitsplatz und in der Schule –, dass wir nicht allzu überrascht sein sollten, dass sie uns auch unter Christen begegnet.

Doch Gottes ursprünglicher, guter Plan für uns Menschen war es, dass wir in der Wahrheit leben sollten. Denn nur so können wir echte Freiheit und Freude erleben. Jesus drückte es so aus: „Wenn ihr an meinen Worten festhaltet und das tut, was ich euch gesagt habe, dann gehört ihr wirklich zu mir. Ihr werdet die Wahrheit erkennen, und die Wahrheit wird euch befreien!" (Johannes 8,31-32).

Je mehr wir als Christen in der Wahrheit leben, desto größer ist unsere Freiheit – und umgekehrt. Wenn wir in bestimmten Lebensbereichen lügen und anderen etwas vormachen, legen wir uns selbst in Ketten und schränken so die Freiheit ein, die Christus für uns errungen hat.

Zum Einstieg

(10 Minuten)

1. Lesen Sie die folgenden Verse laut:

   Herr, wer darf dein heiliges Zelt betreten? Wer darf dich auf dem Berg Zion anbeten? Jeder, der aufrichtig lebt und andere gerecht behandelt, der durch und durch ehrlich ist (Psalm 15,1-2).

   Du liebst das Böse mehr als das Gute, die Lüge mehr als die Wahrheit (Psalm 52,5).

   Hört auf, euch gegenseitig zu belügen. Ihr habt doch euer früheres Leben mit allem, was dazugehörte, wie alte Kleider abgelegt (Kolosser 3,9).

2. In welchen Situationen ist es für Sie schwer, bei der Wahrheit zu bleiben? Warum?

Persönlicher Austausch

(15 Minuten)

Woche 1 hat uns gezeigt, dass viele von uns Angst davor haben, was andere von ihnen denken. Zu lügen ist dann die natürliche Folge – obwohl wir uns selbst nicht für Lügner halten und uns der Unwahrheit oftmals gar nicht bewusst sind.

Doch wir verschweigen die Wahrheit nicht nur vor anderen, sondern auch vor uns selbst (z. B. was unsere wahren Gefühle anbelangt) und vor Gott. Da er allwissend ist, ist das eine große Selbsttäuschung.

Damit unsere Beziehungen (zu Gott, zu anderen und zu uns selbst) tiefer und reifer werden können, müssen wir uns der Tatsache stellen, dass auch wir manchmal lügen.

1. Im Folgenden finden Sie eine Liste von Beispielen, wo Sie möglicherweise Dinge sagen oder tun, die nicht mit dem übereinstimmen, was Sie wirklich denken oder fühlen. Lesen Sie die Aussagen reihum laut vor. Kreuzen Sie die Situationen an, in denen Sie sich wiederfinden.

- ❑ Sie sagen Ja, wenn Sie eigentlich Nein meinen oder sagen wollen.
- ❑ Sie sind freundlich zu jemandem und haben ein Lächeln auf dem Gesicht; in Wahrheit sind Sie aber voller Abneigung oder Ärger ihm oder ihr gegenüber.
- ❑ Sie sagen: „In meiner Ehe läuft alles gut", obwohl in Ihrer Beziehung Eiszeit herrscht.
- ❑ Sie sagen: „Mir geht es super!", auch wenn das nicht stimmt.
- ❑ Sie verschweigen in einem schwierigen Gespräch Ihren eigenen Standpunkt, sodass es den Anschein macht, als ob Sie dem Gesagten zustimmen. In Wirklichkeit sind Sie ganz anderer Meinung.
- ❑ Sie sagen: „Klar, das kann ich gern für dich tun", obwohl Sie das gar nicht möchten.
- ❑ Sie sagen: „Das hast du sehr gut gemacht!", aber eigentlich denken Sie, dass es bestenfalls mittelmäßig war.
- ❑ Sie sagen: „Es macht mir nichts aus, dass du eine Stunde zu spät zu unserem Treffen gekommen bist", aber eigentlich sind Sie genervt.
- ❑ Sie umarmen jemanden, obwohl Ihnen nicht danach ist.
- ❑ Sie schummeln beim Ausfüllen Ihrer Steuererklärung oder zahlen gar keine Steuern.
- ❑ Sie weisen die Kassiererin im Supermarkt nicht darauf hin, dass sie Ihnen zu viel Wechselgeld gegeben hat.

2. Beschreiben Sie, was es bei Ihnen ausgelöst hat, die obigen Beispiele durchzulesen und anzukreuzen.

Bibelgespräch: Apostelgeschichte 5,1-11

(20 Minuten)

Lesen Sie den Bibeltext gemeinsam.

1. Stellen Sie sich vor, Sie wären damals bei diesem Vorfall dabei gewesen. Was überrascht oder schockiert Sie am meisten?

2. Was genau ist der Unterschied zwischen den beiden Opfern – dem von Barnabas (Apostelgeschichte 4,37-38) und dem von Hananias und Saphira? Von außen betrachtet, geben beide Geld aus dem Gewinn ihres Hausverkaufs an die Gemeinde. Warum reagiert Gott durch Petrus Ihrer Meinung nach so heftig auf die Unaufrichtigkeit von Hananias und Saphira?

3. Welche Auswirkungen hätte es möglicherweise auf das Leben der Gemeinde gehabt, wenn Gott nicht eingegriffen hätte?

4. Stellen Sie sich eine Gemeinde, eine Kleingruppe, einen Arbeitsplatz oder eine Familie vor, in der Menschen sich besser darstellen, als sie wirklich sind. Was könnte das zur Folge haben?

Persönliche Umsetzung

(30 Minuten)

Oftmals lügen wir, weil wir nicht gelernt haben, in schwierigen oder unangenehmen Situationen die Wahrheit zu sagen. Nur wenige von uns haben in ihrer Familie oder in der Gesellschaft emotional gesunde Kommunikation erlebt. Doch genau dies ist ein zentraler Punkt für geistliche Reife. Gesunde Kommunikation hat vier Merkmale: Sie ist respektvoll, ehrlich, klar und geschieht zum richtigen Zeitpunkt.

Respektvoll: Erst denken, dann sprechen! Sagen Sie höflich und behutsam, was Ihnen wichtig ist, und werden Sie nicht verletzend oder beleidigend. Behalten Sie die Gefühle der anderen Person im Blick.

Respektlos: „Was für eine blöde Idee!"
Respektvoll: „Das ist eine interessante Idee, aber ich frage mich ..."

Ehrlich: Sagen Sie ehrlich, was Sie wirklich denken oder fühlen. Lügen Sie nicht, und verfälschen Sie nicht die Wahrheit.

Unehrlich: „Meiner Tochter gefällt das Buch sehr, das du ihr geschenkt hast!"
Ehrlich: „Ich habe es leider total verschwitzt, meiner Tochter das Geschenk von dir zu überreichen; aber ich mache mir eine Notiz, es ihr heute noch zu geben. Ich denke, sie wird es mögen!"

Unehrlich: „Ich kann heute leider nicht mit zum Essen kommen. Ich habe sehr viel zu tun."
Ehrlich: „Danke für deine Einladung zum Mittagessen, aber ich brauche heute etwas Zeit für mich."

Klar: Reden Sie nicht um den heißen Brei herum, und vermeiden Sie versteckte Andeutungen. Machen Sie keine Aussage, wenn Sie eigentlich eine Frage stellen wollen, oder umgekehrt. Schließen Sie Details mit ein.

Unklar: „O nein, ich habe nur noch *ein* Paar Kontaktlinsen."
Klar: „Schatz, könntest du mir bitte neue Kontaktlinsen bestellen?"

Unklar: „Du könntest ja auch mal kochen."
Klar: „Ich möchte gern, dass du dienstags und donnerstags das Kochen übernimmst. Dazu gehört auch, dass du dich um die nötigen Zutaten kümmerst."

Zum richtigen Zeitpunkt: Wählen Sie für das Gespräch einen günstigen Augenblick – idealerweise, wenn keiner der beiden Gesprächspartner müde, abgelenkt oder angespannt ist.

Falscher Zeitpunkt: Ihr Ehepartner kommt nach einem anstrengenden Arbeitstag nach Hause und ist enttäuscht vom Feedback-Gespräch mit seinem Chef. Sie überschütten ihn mit Kritik wegen der Unordnung in seinem Arbeitszimmer bei Ihnen zu Hause.
Richtiger Zeitpunkt: Sie spüren, dass Ihr Ehepartner gestresst und müde von der Arbeit nach Hause kommt. Sie warten einen besseren Zeitpunkt ab, wenn er entspannter ist, um mit ihm über sein häusliches Arbeitszimmer zu reden.

Tauschen Sie sich über die folgenden Fragen aus:

1. Gab es in den letzten Tagen eine Situation, in der Sie sich respektlos, unehrlich, unklar oder zu einem ungünstigen Zeitpunkt geäußert haben? Spielen Sie mit jemandem aus der Gruppe die Situation nach. Äußern Sie Ihre Anliegen diesmal mit Respekt, ehrlich und klar, und überlegen Sie sich, was ein günstiger Zeitpunkt für so ein Gespräch wäre.

2. Oft verinnerlichen wir unbewusst unausgesprochene Botschaften unserer Familie oder der Gesellschaft, die dazu führen, dass wir uns selbst oder andere belügen. Was könnte so eine Botschaft aus Ihrer Kindheit sein, die es Ihnen unbewusst schwer macht, ehrlich zu sein? (Z. B.: Zeige bloß keine Gefühle. Keine Widerrede. Sei immer nett und brav. Streiten ist etwas Schlechtes. Du musst erfolgreich sein. Sei immer pünktlich. Fehler können tödlich sein, deshalb mach keine, und gib es ja nie zu, wenn du einen gemacht hast.)

3. Das folgende Zitat aus dem Buch „Christliche Kontemplation“ von Thomas Merton zeigt, dass Gott uns die Möglichkeit gibt, zwischen aufrichtig und unaufrichtig zu wählen.

> *... Bäume und Tiere haben damit kein Problem. Gott macht sie zu dem, was sie sind, ohne sie dazu vorher zurate zu ziehen, und sie sind damit vollkommen zufrieden.*
>
> *Bei uns ist das anders. Gott stellt es uns ganz frei, was wir sein wollen. Wir können wir selbst sein oder auch nicht, ganz wie wir wollen. Uns ist es freigestellt, ob wir wirklich sein wollen oder ob wir unwirklich sein wollen. Wir können wahr oder falsch sein; die Wahl liegt bei uns. Wir können bald diese Maske aufsetzen, bald eine andere und, falls wir so wollen, nie mit unserem eigenen wahren Gesicht auftreten.*[2]

In welchen Situationen und wem gegenüber sind Sie am ehesten versucht, eine Maske zu tragen und nicht Ihr wahres Gesicht zu zeigen?

Wenn es die Zeit erlaubt, beten Sie füreinander.

Häufig gestellte Fragen

(10 Minuten)

Versuchen Sie die Fragen gemeinsam zu beantworten, bevor Sie die persönlichen Antworten der Autoren lesen.

1. Wenn ich den Menschen in meinem Umfeld gegenüber ehrlich werde, wird es mit Sicherheit Konflikte geben. Ich hasse Auseinandersetzungen. Was raten Sie mir?

Antwort: Wenn wir mit einem Mal offener sagen, was wir denken, kann es gut sein, dass andere sich über uns ärgern und wir ihre Erwartungen nicht mehr erfüllen. Es kann sogar passieren, dass wir sie unabsichtlich verletzen. Doch was ist unsere Alternative? Weiter zu lügen?

Ehrlich mit jemandem zu sein, ist letztlich der größte Liebesbeweis – auch wenn es nicht einfach ist und die Veränderung oft nicht ohne Schmerzen vonstattengeht. Doch nur so wachsen unsere Beziehungen und werden aufrichtig, wohltuend und authentisch.

2. Ich habe den Eindruck, dass es andere verletzen kann, wenn man in jeder Situation die Wahrheit sagt. Gibt es Momente, wo es besser ist, gewisse Dinge für sich zu behalten, ohne dabei unwahrhaftig zu werden?

Antwort: Es gibt immer wieder Situationen, in denen es sicher ratsam ist, mit der eigenen Meinung zurückhaltend zu sein oder heikles Wissen nicht weiterzugeben. Doch es ist wichtig, zwischen Vorsicht und Angst zu unterscheiden. Wir sollten uns nicht von Angst leiten lassen, sondern von Umsicht und Besonnenheit.

Wie wir in der Geschichte von Hananias und Saphira (Apostelgeschichte 5) gesehen haben, ist der Kampf um Wahrheit letztlich ein geistlicher Kampf.

Zum Weiterdenken

(5 Minuten)

Nehmen Sie sich Zeit, um vor Gott zur Ruhe zu kommen, und beantworten Sie dann die folgenden Fragen.

1. Was habe ich heute über mich, über andere oder über Gott gelernt?

2. Was wäre ein erster, kleiner Schritt, den ich gehen kann, um bewusst ehrlich und klar zu kommunizieren? Notieren Sie Ihre Gedanken.

Gemeinsames Gebet

Herr, hilf uns zu erkennen, wo wir nicht in der Wahrheit leben. Zeige uns die Konsequenzen aus dieser Unehrlichkeit für uns und unsere Beziehungen. Fülle uns mit dem Heiligen Geist, der der Geist der Wahrheit ist (Johannes 16,13). Danke für das „Sicherheitsnetz" deiner Liebe. In Jesu Namen, amen.

Vorbereitung: Lesen Sie aus dem Buch „Ich geb auf mich acht" (vormals: „Jetzt ist Schluss!") Kapitel 3 („Schluss mit falscher Selbstverleugnung").

Woche 3

Schluss mit falscher Selbstverleugnung

Textgrundlage: „Ich geb auf mich acht", Kapitel 3

Jesus ermutigt uns, unser Kreuz auf uns zu nehmen und ihm zu folgen. Es ist jedoch elementar wichtig für uns zu unterscheiden, welchen Dingen wir sterben sollen und welchen nicht. Zum Beispiel sagt Gott, wir sollen unsere Selbstsucht aufgeben. Das bedeutet aber ganz und gar nicht, dass wir nicht auf uns achten und für unser eigenes Wohlergehen sorgen sollen.

Wenn wir den falschen Dingen sterben, macht uns das meistens müde, frustriert und nachtragend. Wir fragen uns, was schiefgelaufen ist. Außerdem kann es passieren, dass wir einer gewissen „Werkgerechtigkeit" verfallen, die die Überzeugung beinhaltet: „Je mehr ich leide oder je ärmer ich bin, desto mehr liebt mich Gott. Wenn ich das Schöne überhaupt genießen darf, dann muss ich es mir hart erarbeiten." Durch eine solche (oft unbewusste) innere Haltung bzw. Glaubensüberzeugung verstehen wir auch 1. Mose völlig falsch (siehe Bibelgespräch).

Wenn wir jedoch die guten Dinge genießen, die Gott uns schenkt, leben wir wieder auf und bekommen neue Kraft – für ihn, für andere und auch für uns selbst. Der Freude und dem Schönen Raum zu geben, ist ein wichtiger Teil unseres Christseins. Wenn wir das nicht ernst nehmen, deutet das auf ein tragisches Missverständnis hin, was es heißt, unser Leben für Christus zu lassen (Johannes 13,37-38).

Zum Einstieg

(10 Minuten)

Erzählen Sie, am besten im Zweiergespräch, von einer Begebenheit, über die Sie sich in der letzten Woche besonders gefreut haben.

Persönlicher Austausch

(10 Minuten)

Wir Menschen sind wie ein Mantel mit zwei Taschen. In der einen Tasche ist Gold, weil wir für Gott von unendlichem Wert sind. In der anderen ist Staub als Zeichen unserer Vergänglichkeit und Schwäche.

Oft wird diese Seite überbetont. Dann sterben wir den falschen Dingen und lassen keine Freude, keinen Genuss und kein Vergnügen in unserem Leben zu. Doch das bedeutet, dass wir uns den Dingen verweigern, die uns Leben und Kraft schenken können.

Es ist nicht selbstsüchtig, auf sich zu achten. Vielmehr erkennen wir dadurch den Wert an, den Gott uns gegeben hat. Das kann unter anderem beinhalten, an der richtigen Stelle Nein zu sagen, mit Menschen zusammen zu sein, die einem guttun, Dinge zu unternehmen, die einem Kraft schenken und einen lebendig machen, genug zu schlafen und gesund zu essen.

Tauschen Sie sich über die folgende Frage aus:

Was hindert Sie daran, auf sich selbst zu achten und gesunde Selbstfürsorge zu betreiben?

Bibelgespräch: 1. Mose 1,1-4.10.12.16-18.21.25-26.31

(20 Minuten)

Lesen Sie den Bibeltext gemeinsam.

1. 1. Mose 1 malt ein wunderschönes Bild von Gottes Schöpfungshandeln und davon, was er über seine Schöpfung dachte. Was bedeutet Ihnen die wiederholte Aussage: „… es war gut"?

2. Oft gehen wir durchs Leben, ohne Gottes gute Geschenke zu entdecken und zu genießen. Bei welchen Gelegenheiten haben Sie sich schon mit Gott über seine Schöpfung gefreut? (Z. B. beim Genuss eines guten Essens oder beim Staunen über die Schönheit der Natur, der Menschen, von Musik oder Kunst)

   Fallen Ihnen noch andere Gelegenheiten ein, Gottes Begeisterung über seine Schöpfung zu teilen?

3. Die Bibel lehrt uns, dass wir gut (1. Mose 1-2) und gleichzeitig sündig sind (1. Mose 3). Was sind die Gefahren, wenn wir die eine oder die andere Seite davon überbetonen – das Gute oder das Sündhafte?

4. Der Autor und geistliche Mentor Henry Nouwen schrieb Folgendes:

   > *Sehr lange Zeit dachte ich, sich selbst gering zu achten sei eine Art von Tugend. Ich bin so oft vor Hochmut und Einbildung gewarnt worden, dass ich es schließlich als etwas Gutes ansah, mich selbst herabzusetzen und zu verurteilen. Jetzt aber weiß ich, dass die eigentliche Sünde darin besteht, Gottes erste Liebe zu mir zu leugnen, mein*

ursprüngliches Gutsein zu ignorieren. Denn ohne diese erste Liebe und dieses ursprüngliche Gutsein für mich in Anspruch zu nehmen, verliere ich die Verbindung zu meinem wahren Selbst und lasse mich bei falschen Menschen und an falschen Plätzen auf eine verhängnisvolle, aussichtslose Suche nach dem ein, was nur im Hause meines Vaters gefunden werden kann.[3]

Welche Worte oder Sätze dieses Zitates sprechen Sie besonders an? Warum?

Persönliche Umsetzung

(25 Minuten)

Bilden Sie für die folgende Übung Dreiergruppen. Beantworten Sie Frage 1 allein, dann besprechen Sie Fragen 2 bis 5 gemeinsam:

1. Damit wir uns nicht an falschen Stellen selbst verleugnen, müssen wir zuerst erkennen, was uns und unserer Seele Leben und Freude bringt. Erstellen Sie eine Liste von Dingen, die Sie gerne tun und die Ihnen Freude bereiten. Das kann Gartenarbeit sein, mit dem Hund spazieren gehen, draußen in der Natur sein, Zeit mit netten Leuten verbringen, sich mit guten Freunden austauschen, kochen, malen, gewisse geistliche Übungen machen oder bestimmte Orte besuchen – einfach alles, was für Sie persönlich belebend ist. Halten Sie nichts zurück. Schreiben Sie alles auf, was Ihnen in den Sinn kommt!

   Mein Geist wird belebt durch …/Ich werde lebendig, wenn ich …:

2. Erzählen Sie, was das Beantworten der obigen Frage bei Ihnen ausgelöst hat.

3. Gibt es einen Punkt auf Ihrer Liste, dem Sie in Ihrem Leben (vermehrt) Raum geben wollen? Welche Schritte müssen Sie tun, um ihn in Ihren Alltag zu integrieren?

4. Gibt es etwas, das Sie nicht länger tun sollten? Nennen Sie ein oder zwei Dinge. (Z. B. über andere urteilen, Eifersucht, Abwehrhaltung, Perfektionismus, Lügen)

Wenn es die Zeit erlaubt, beten Sie füreinander.

Häufig gestellte Fragen

(10 Minuten)

Versuchen Sie die Fragen gemeinsam zu beantworten, bevor Sie die persönlichen Antworten der Autoren lesen.

1. Was ist der Unterschied zwischen „auf sich selbst achten“ und Selbstsucht?

Antwort: Auf sich achten heißt: Ich nehme den Wert, den Gott mir zuspricht, ernst. Ich schätze mich als so wertvoll, wie er mich sieht. Das ist die Grundlage, um auch andere zu lieben.

Selbstsucht ist meistens ein Ausdruck von Angst und Kontrolle und hat mit der Vorstellung zu tun: Nur der Stärkste überlebt – was genau das Gegenteil ist von Vertrauen in Gottes Güte und Fürsorge für unser Leben.

2. Wie kann ich mein gottgegebenes Ich fördern und dafür Sorge tragen?

Antwort: Oft müssen wir Christen erst wieder unser „Ich" entdecken, weil wir es (durch falsche Lehre) verloren haben, sprich den falschen Dingen gestorben sind.

Wie entdecken wir unser Ich?

Achten Sie auf die Dinge, die Ihnen und Ihrer Seele gut tun. Das ist für jeden Menschen unterschiedlich. Und tun Sie diese Dinge, wenn möglich, täglich oder zumindest regelmäßig.

Stehen Sie zu Ihren Vorlieben, und sagen Sie nicht: „Mir ist alles recht" oder „Es ist mir egal". Sagen Sie: „Ich möchte gerne diesen Film sehen" oder „Nein, ich möchte Erdbeereis". Robert Lewis Stevenson (1850–1894), ein schottisch-britischer Erzähler, sagte: „Zu wissen, was du willst, anstatt unterwürfig zu allem Ja und Amen zu sagen, von dem dir die Welt vorschreibt, dass du es wollen sollst, bedeutet, dass du deine Seele lebendig gehalten hast."

Achten Sie sowohl auf Ihre Stärken und Gaben wie auch auf ihre Begrenzungen und Schwächen.

Wenn wir unserer Seele wohltun, werden wir lebendig und sehen klarer, welche ungesunden Dinge wir loslassen müssen, ohne Angst zu haben oder in Selbstverteidigung zu verharren.

Zum Weiterdenken

(5 Minuten)

Nehmen Sie sich Zeit, um vor Gott zur Ruhe zu kommen, und beantworten Sie dann die folgenden Fragen.

1. Was habe ich heute über mich, über andere oder über Gott gelernt?

2. Was wäre ein erster, kleiner Schritt, den ich gehen kann, um nicht mehr den falschen Dingen zu sterben und nicht in falscher Selbstverleugnung zu verharren?

Gemeinsames Gebet

Herr, hilf uns, daran zu denken, dass wir deine Geschöpfe sind – einzigartig und unendlich wertvoll. Lehre uns, uns an den schönen Dingen des Lebens zu freuen, die du uns schenkst. Lass uns erkennen, was sündig ist in unserem Leben und Veränderung braucht. In Jesu Namen, amen.

Vorbereitung: Lesen Sie aus dem Buch „Ich geb auf mich acht" (vormals: „Jetzt ist Schluss!") Kapitel 4 („Schluss mit Verdrängung von Wut, Traurigkeit und Angst").

Woche 4

Schluss mit Verdrängung von Wut, Traurigkeit und Angst

Textgrundlage: „Ich geb auf mich acht", Kapitel 4

Die Psalmen sind bis heute eines der beliebtesten Bücher der Bibel. In den 150 Liedern werden alle menschlichen Emotionen offenbart – ohne Scham und Scheu. Wir lesen, wie David (und andere) die ganze Intensität seiner tiefsten Gefühle rückhaltlos vor Gott ausbreitet. Er versteckt sich nicht hinter einer frommen Maske. Er gibt nicht vor, alles sei in Ordnung, wenn das gar nicht so ist. Weder unterdrückt er, noch verleugnet oder verharmlost er, was in ihm vorgeht.

Viele von uns haben dagegen eine unbiblische, menschenverachtende und ungesunde Einstellung zu ihren Emotionen – besonders zu Wut, Traurigkeit und Angst. Doch Gott benutzt all unsere Gefühle, um uns Dinge zu lehren. Mit ihrer Hilfe macht er uns zu reifen Männern und Frauen, die seine Stimme hören, die zutiefst wissen, wer sie sind, und die die Fähigkeit besitzen, andere in gesunder Weise zu lieben.

Zum Einstieg

(10 Minuten)

1. Machen Sie die folgende Bestandsaufnahme[4] – jede für sich und so ehrlich wie möglich. Die Skala geht von 1 bis 4: 1 = sehr selten, 2 = manchmal, 3 = oft, 4 = meistens.

   Es fällt mir leicht zu erkennen, was ich in meinem Inneren fühle. 1 2 3 4

   Ich kann Ärger und Wut so empfinden und ausdrücken, dass ich und andere daran wachsen. 1 2 3 4

   Ich bin mir selber (und engen Vertrauten) gegenüber ehrlich, was meine Ängste und Zweifel angeht. 1 2 3 4

   Wenn ich enttäuscht werde oder scheitere, denke ich darüber nach, wie ich mich fühle, statt so zu tun, als sei alles in Ordnung. 1 2 3 4

   Ich kann weinen, meine Niedergeschlagenheit oder Traurigkeit zulassen, deren Gründe erkunden und Gott erlauben, dadurch in mir zu wirken. 1 2 3 4

2. Teilen Sie der Gruppe eine Erkenntnis mit, die Sie durch das Beantworten dieser Fragen über sich gewonnen haben.

Persönlicher Austausch

(15 Minuten)

Wir können nur dann wirklich lieben, wenn wir all unsere Emotionen kennen und annehmen. Dazu gehören auch Gefühle wie Wut, Traurigkeit und Angst. Leider wird uns vielerorts vermittelt (Familie, Gemeinde, Gesellschaft), dass diese Gefühle schlecht, falsch oder nicht erlaubt sind.

Die Bibel malt ein anderes Bild: Zwei Drittel der Psalmen sind Klagepsalmen, ein ganzes biblisches Buch heißt „Klagelieder", und auch Jesus hat seine Emotionen nicht zurückgehalten, z. B. im Garten Gethsemane.

Es ist wichtig, dass auch wir schwierige Emotionen nicht verleugnen oder unterdrücken. Warum?

- Unverarbeitete Gefühle werden lebendig begraben – irgendwo in uns –, statt ihren zugewiesenen Platz zu bekommen. Wenn wir sie nur unterdrücken, können sie sogar körperliche Symptome und Krankheiten verursachen (Magenschmerzen, hohen Blutdruck, Schlaganfälle, Depressionen etc.).
- Unterdrückte Emotionen machen es beinahe unmöglich, gesunde Beziehungen zu führen.
- Ungesunde Muster brauchen Veränderung! Aber wir können nur die Dinge ändern, die uns bewusst sind. D. h., wir müssen falsche „Familienregeln" in Bezug auf den Umgang mit Emotionen kennen („Man darf nicht wütend sein", „Echte Männer weinen nicht" etc.) und korrigieren.
- All unsere Emotionen sind wichtig, weil Gott uns darin begegnet und darin zu uns spricht. Deshalb tun wir gut daran, sie zu beachten.

1. Nehmen Sie sich einige Minuten Zeit, um über die folgende Frage nachzudenken: Wie ist man in Ihrer Herkunftsfamilie mit diesen Emotionen umgegangen?

   Wut/Ärger (z. B. runterschlucken, explodieren, nur gewisse Menschen dürfen wütend werden)

Traurigkeit (z. B. Reiß dich zusammen. Finde dich damit ab. Tränen sind ein Zeichen von Schwäche. Traurig zu sein ist egoistisch.)

Angst (z. B. ignorieren, verleugnen, davon wie gelähmt sein)

2. Suchen Sie sich eine Gesprächspartnerin und tauschen Sie sich über Ihre Antworten aus.

Bibelgespräch: Psalm 22,2-3.8-15

(25 Minuten)

1. David ist bekannt, ein „Mann nach dem Herzen Gottes" zu sein. Lesen Sie Psalm 22,2-3 und 8-15. Wie beschreibt er seine Emotionen Gott gegenüber? Schauen Sie genau hin.

2. Die Tiefe von Davids Trauer und Betroffenheit wird in diesen Versen sehr deutlich. Wie lässt sich das mit der weitverbreiteten Meinung vereinbaren, dass „echte" Christen nicht verletzt, verwirrt oder entmutigt sein dürfen?

3. Wut wird oft als Sekundäremotion beschrieben, denn in den meisten Fällen steckt etwas anderes dahinter. Das heißt, sie erwächst aus einem Gefühl, das tiefer unter der Oberfläche schlummert, wie Traurigkeit, Angst oder Scham. Kennen Sie das aus Ihrem Leben? Fällt Ihnen ein Beispiel ein?

4. Was empfinden Sie dabei, wenn Sie sehen, dass David weder Wut noch Traurigkeit noch Angst verleugnet oder ignoriert?

Persönliche Umsetzung

(25 Minuten)

Bilden Sie für die folgenden Fragen Dreiergruppen.

1. Denken Sie an ein noch nicht lang zurückliegendes Ereignis, das eine physische Reaktion in Ihnen hervorgerufen hat (z. B. Enge im Brustkorbbereich, ein mulmiges Gefühl im Magen, Spannungskopfschmerzen, Zähneknirschen, geballte Fäuste, schweißnasse Hände, Spannung im Schulterbereich, nervöses Wippen mit den Füßen oder Schlaflosigkeit). Was hat Ihr Körper Ihnen dadurch über Ihr emotionales Innenleben gesagt?

2. Drei Schritte, die Ihnen helfen können, Wut, Traurigkeit und Angst nicht mehr zu verleugnen, zu verdrängen oder zu unterdrücken:

- Lassen Sie Ihre Gefühle zu.
- Denken Sie darüber nach, was Sie empfinden. Fragen Sie sich: Was sind die Gründe dafür, dass ich mich so fühle?
- Reagieren Sie angemessen darauf.

3. Welcher dieser drei Schritte ist für Ihre geistliche Reise im Moment am wichtigsten? Warum?

4. Eine der zentralen Botschaften des christlichen Glaubens ist, dass Leiden und Tod letztlich zu Auferstehung und neuem Leben führen. Welche Geschenke von neuem Leben könnte Gott für Sie bereithalten, wenn Sie Ihre Wut, Traurigkeit und Angst nicht länger verdrängen?

Wenn es die Zeit erlaubt, beten Sie füreinander.

Häufig gestellte Fragen

(15 Minuten)

Versuchen Sie die Fragen gemeinsam zu beantworten, bevor Sie die persönlichen Antworten der Autoren lesen.

1. Verstehe ich es richtig, dass ich meinen Gefühlen folgen soll – und nicht Jesus oder der Bibel?

Antwort: Es geht nicht darum, impulsiv und unüberlegt den eigenen Gefühlen zu folgen. Vielmehr sollen wir sie nicht länger unterdrücken, sondern sie wahrnehmen, darüber nachdenken und dann angemessen darauf reagieren.

2. Eine Freundin sagt, wenn man einmal diese „Büchse der Pandora" öffnet und seinen Gefühlen freien Lauf lässt, gebe es kein Zurück mehr. Was würden Sie ihr antworten?

Antwort: Das Gegenteil ist der Fall! Wenn wir unsere Gefühle immer unterdrücken, statt sie erst mal (neutral) wahrzunehmen, werden sie immer größere Macht über uns gewinnen. Wenn wir sie jedoch betrachten und verarbeiten, verlieren sie ihre Macht, und wir brauchen keine Angst mehr vor ihnen zu haben. Eventuell ist es ratsam, jemanden um Hilfe zu bitten, der mehr Lebens- und Glaubenserfahrung hat.

3. Ich habe Angst davor, all meine Gefühle zuzulassen, besonders meine Wut. Ich befürchte, ich könnte jemanden verletzen; dabei wünscht sich Gott doch, dass ich liebevoll bin. Wie kann ich das miteinander vereinbaren?

Antwort: Wenn wir wütend sind, sollten wir uns die Fragen stellen: Wovor habe ich Angst? Aus welchem Grund bin ich so verletzt? Denn oft stehen Angst und Verletzung hinter unserer Wut. Wenn wir das erkennen, können wir ganz anders auf den Menschen zugehen, auf den wir wütend sind.

4. Ein häufiger Satz in der Bibel lautet: „Fürchte dich nicht." Sie sagen jedoch: „Lass deine Angst zu." Ist das kein Widerspruch?

Antwort: Angst zulassen heißt, sie zuerst wahrzunehmen, um sie dann vor Gott auszusprechen und sich daran zu erinnern, dass er alle Dinge meines Lebens in seiner Hand hat. Ich kann ihm vertrauen und meine Angst schließlich loslassen, denn er wird mich durchführen.

Zum Weiterdenken

(5 Minuten)

Nehmen Sie sich Zeit, um vor Gott zur Ruhe zu kommen, und beantworten Sie dann die folgenden Fragen.

1. Was habe ich heute über mich, über andere oder über Gott gelernt?

2. Was wäre ein erster, kleiner Schritt, den ich gehen kann, um meine Wut, meine Traurigkeit und meine Angst nicht mehr zu verdrängen?

Gemeinsames Gebet

Herr, wir bringen dir all unsere Gefühle der Wut, Traurigkeit und Angst. Zeig uns, wie wir unser Menschsein bis in alle Tiefen annehmen können, so wie Jesus es tat. Und hilf uns zu erkennen, wie du inmitten unserer „schwierigen“ Emotionen wirkst.

Vorbereitung: Lesen Sie aus dem Buch „Ich geb auf mich acht“ (vormals: „Jetzt ist Schluss!“) Kapitel 5 („Schluss mit Schuldzuweisungen“).

Woche 5

Schluss mit Schuldzuweisungen

Textgrundlage: „Ich geb auf mich acht", Kapitel 5

Wenn etwas nicht so läuft wie gedacht, schieben wir gerne anderen die Schuld in die Schuhe: Eltern, dem Ehepartner, Kindern, dem Chef, Freunden, Leitern oder Mitarbeitern. Und wenn es ganz schlecht läuft, glauben wir, der Teufel sei am Werk – oder wir klagen Gott an.

Schuldzuweisungen geben uns – zumindest eine Zeit lang – das tröstliche Gefühl, alles unter Kontrolle zu haben. Tatsächlich bewirken sie aber das Gegenteil, denn sie berauben uns unserer gottgegebenen Kraft zum Handeln und halten uns in einer Haltung der Hilflosigkeit und Unreife fest.

Als Menschen, die nach Gottes Ebenbild geschaffen sind, haben wir gewisse Rechte und Pflichten mit auf den Weg bekommen. Sie erlauben es uns, unsere gottgegebene Freiheit wahrzunehmen (1. Mose 1,26-31). Wir können Entscheidungen treffen, Grenzen setzen, Nein sagen, unsere Vorlieben kundtun und selbstständig denken.

Wenn wir Schluss machen mit Schuldzuweisungen und stattdessen unsere gottgegebene Freiheit nutzen, verfliegt unsere Hilflosigkeit im Nu. Wir stellen fest, dass nicht die anderen für unser Glück verantwortlich sind. Es liegt an uns! Wir können andere Menschen nicht verändern, aber wir können *uns* verändern – mit Gottes Gnade!

Zum Einstieg

(5 Minuten)

Erzählen Sie Ihrer Sitznachbarin von einer Begebenheit, bei der Sie zu Unrecht beschuldigt wurden (z.B. von Ihrem Ehepartner, einem Freund, Kind, Chef, Mitarbeiter oder den Eltern). Wie haben Sie sich gefühlt?

Persönlicher Austausch

(15 Minuten)

Anderen keine Schuld zuzuweisen bedeutet: Ich übernehme die Verantwortung für mein Leben! Gott hat uns mit der Fähigkeit geschaffen, Entscheidungen zu treffen. Das bedeutet: Ich bin (in einem gewissen Rahmen) frei und nicht abhängig von anderen Menschen oder Umständen. Die Seite wechseln von Schuldzuweisung zu Eigenverantwortlichkeit ist einer der reifsten Schritte in unserem Leben.

1. Lesen Sie die folgenden Schuldzuweisungen laut vor:

- Mein Chef macht mir das Leben echt schwer.
- Ich bin total erschöpft, aber mein Ehepartner will einfach keinen Urlaub nehmen.
- Ich verdiene nicht genug, deshalb habe ich so viele Schulden.
- Meine Ehe ist schwierig, weil mein Ehepartner sich weigert, in die Seelsorge oder Beratung zu gehen.
- Als alleinerziehende Mutter werde ich es bis an mein Lebensende schwer haben.
- Meine Eltern ruinieren mein Leben.
- Ich bin übergewichtig, weil ich keine Zeit für Fitnesstraining habe.
- Mein Leben ist sehr anstrengend, weil meine Kinder nicht auf mich hören.

2. Denken Sie an eine nicht lang zurückliegende Begebenheit, bei der Sie wütend waren. Wem (oder was) haben Sie dafür die Schuld zugewiesen?

Bibelgespräch: 1. Mose 3,6-13

(20 Minuten)

Adam und Eva lebten in perfekter Gemeinschaft mit Gott und miteinander. Nachdem sie sich von Gott abwandten, veränderte sich ihre Beziehung jedoch dramatisch.

Lesen Sie den Bibeltext gemeinsam.

1. Wie würden Sie die Gottesbeziehung von Adam und Eva in den Versen 8-13 beschreiben?

   Wie würden Sie die Beziehung der beiden zueinander beschreiben?

2. Welche Gefühle könnten sich hinter den Schuldzuweisungen von Adam und Eva verbergen (Verse 12-13)?

3. In 1. Mose 3 sehen wir, wie die allererste Menschenfamilie sich in Schuldzuweisungen flüchtete. Beschreiben Sie, wie Schuldzuweisungen in Ihrer Herkunftsfamilie aussahen. Wie fühlten Sie sich dabei?

4. In welchen Lebensbereichen sind Sie am stärksten versucht, anderen die Schuld zuzuweisen? Wer wird am ehesten zur Zielscheibe? (Z. B. Ihr Ehepartner, die Kinder, Eltern, Freunde, Arbeitskollegen, Autoritätspersonen)

Persönliche Umsetzung

(25 Minuten)

Der „Bausatz für individuelle Freiheit“[5] zeigt uns unsere Rechte und Pflichten als Menschen, geschaffen als Ebenbilder Gottes. Er hilft uns, eigenverantwortlich zu handeln, statt anderen die Schuld zuzuweisen.

1. Beantworten Sie die folgenden Fragen zu den einzelnen Modulen. Nehmen Sie sich pro Modul etwa eine Minute Zeit.

   Der Zaun der Abgrenzung: Wo und wann lassen Sie Grenzüberschreitungen zu?

Die Stimme der Offenheit: Wann (und wem gegenüber) haben Sie Mühe, sich offen zu äußern?

Die Ja-Nein-Medaille: Wem gegenüber fällt es Ihnen besonders schwer, Nein zu sagen?

Das Herz der Gefühle: Welchen Gefühlen gehen Sie aus dem Weg?

Die Sauerstoffmaske der Selbstfürsorge: Wo achten Sie zu wenig auf sich selbst?

Der Spiegel der Selbstkonfrontation: Welchen Wahrheiten über sich selbst gehen Sie bewusst aus dem Weg?

Der Schlüssel der Hoffnung: In welchen Lebensbereichen werden sich die Dinge Ihrer Meinung nach nie ändern?

Der Hut der Weisheit: Wo sind Sie impulsiv und vermeiden schwierige Fragen?

Die Plakette des Mutes: Für welches dieser Module brauchen Sie am meisten Mut?

2. Nennen Sie zwei Themen, die heute für Sie am wichtigsten sind, und erklären Sie, warum. Bilden Sie dazu Dreiergruppen.

Wenn es die Zeit erlaubt, beten Sie füreinander.

Häufig gestellte Fragen

(10 Minuten)

Versuchen Sie die Fragen gemeinsam zu beantworten, bevor Sie die persönlichen Antworten der Autoren lesen.

1. Ich kann mir vorstellen, dass der „Baukasten für individuelle Freiheit" Widerstand hervorruft, wenn ich ihn in meinen Beziehungen einsetze. Es überfordert mich und scheint mir schwierig zu sein. Gibt es einfache erste Schritte dazu?

Antwort: Sich der Schuldzuweisungen bewusst werden ist der erste und wichtigste Schritt und somit der Schlüssel zur Veränderung. Der zweite Schritt: Dinge offen ansprechen. Der Rest ergibt sich dann (fast) von selbst.

2. Ab wann wird der Zaun der Abgrenzung zu einer unüberwindbaren Trennmauer zwischen Menschen? Ab welchem Punkt wirkt er kalt und lieblos?

Antwort: Mauern runter – Abgrenzungen hoch! Der Unterschied zwischen Mauern und Abgrenzungen ist die Liebe. Was verbirgt sich in meinem Herzen? Abgrenzung ist nie *gegen* jemanden, sondern *für* mich. Das kann Widerstand und Unverständnis hervorrufen, auch wenn das Motiv richtig ist.

3. Ich glaube, dass ich in meiner momentanen Situation keine Entscheidungsfreiheit habe. Was raten Sie mir?

Antwort: Wir haben oft mehr Möglichkeiten, als wir denken. Manchmal stecken wir auch in einem Dilemma von zwei suboptimalen Optionen, aber auch da können wir eine Wahl treffen. Schwierig sind z. B. Situationen mit pflegebedürftigen Eltern oder einem behinderten Kind. Wichtig ist, dass wir Verantwortung übernehmen und Dinge gut regeln, ohne uns als Opfer (der Situation oder anderer) zu fühlen.

Zum Weiterdenken

(5 Minuten)

Nehmen Sie sich Zeit, um vor Gott zur Ruhe zu kommen, und beantworten Sie dann die folgenden Fragen.

1. Was habe ich heute über mich, über andere oder über Gott gelernt?

2. Was wäre ein erster, kleiner Schritt, den ich gehen kann, um eigenverantwortlich zu leben und anderen nicht mehr die Schuld zuzuweisen?

Gemeinsames Gebet

Herr, vergib uns, dass wir uns von dir abgewandt und anderen die Schuld in die Schuhe geschoben haben. Reinige uns. Gib uns Mut und Weisheit, die nötigen Module unserer Freiheit anzuwenden, um selbst Verantwortung für unser Leben zu übernehmen.

Vorbereitung: Lesen Sie im Buch „Ich geb auf mich acht" (vormals: „Jetzt ist Schluss!") Kapitel 6 („Schluss mit Überengagement").

Woche 6

Schluss mit Überengagement

Textgrundlage: „Ich geb auf mich acht“, Kapitel 6

Überengagement bedeutet: Wir tun für andere, was sie eigentlich selbst tun könnten und tun sollten. Meist ist da jemand, der anderen zu viel abnimmt – und ihm direkt auf den Fersen folgt ein anderer, dem das gerade recht ist.

Überengagement ist oft schwer zu erkennen und zu korrigieren, weil wir dafür meist gelobt werden, besonders im kirchlichen Umfeld. Doch es gefährdet Freundschaften, Ehen, Gemeinden, Kollegenteams und Familien. Wenn wir Dinge tun, die andere selbst tun könnten, glauben wir irgendwann, dass es ohne uns nicht geht und alles zusammenbricht, wenn wir Dinge aus der Hand geben.

Das Gegenteil ist der Fall. Wenn wir unser Überengagement loslassen, kann Gott zum Zug kommen – in uns und dann auch in anderen Menschen.

Zum Einstieg

(10 Minuten)

1. Überengagement bewegt sich auf einer Skala von schwach bis sehr ausgeprägt. Wenn Sie die folgenden Aussagen bewerten, werden Sie merken, wo Sie auf dieser Skala stehen. Lesen Sie die Liste laut vor und kreuzen Sie die Sätze an, die auf Sie zutreffen.

   - ❑ Ich weiß im Allgemeinen, wie man etwas richtig macht.
   - ❑ Ich bin schnell dabei, wenn es darum geht, einen Rat zu geben oder etwas wieder in Ordnung zu bringen.
   - ❑ Ich kann schlecht zusehen, wie sich jemand mit seinen Problemen herumschlägt.
   - ❑ Langfristig gesehen ist es einfacher, wenn ich alles selber mache.
   - ❑ Ich traue anderen nicht zu, die Dinge genauso gut zu erledigen wie ich.
   - ❑ Ich komme Bitten oft nach, selbst wenn ich eigentlich keine Kapazitäten mehr frei habe.
   - ❑ Ich wirble nicht gern Staub auf, da decke ich lieber die Fehler der anderen.
   - ❑ Andere beschreiben mich als „stabil“, als jemanden, der „alles im Griff hat“.
   - ❑ Ich bitte nicht gerne um Hilfe, weil ich keine Last sein will.
   - ❑ Ich finde es schön, gebraucht zu werden.

Haben Sie bis zu drei Kästchen angekreuzt, neigen Sie zu Überengagement. Bei vier bis sieben Kästchen sind Sie mittelgradig überengagiert. Ab acht angekreuzten Kästchen machen Sie definitiv zu viel!

2. Besprechen Sie Ihre Entdeckungen mit jemandem in der Gruppe.

Persönlicher Austausch

(5 Minuten)

Menschen, die keine Eigenverantwortung übernehmen, ändern sich nicht, denn sie befinden sich ja in einer komfortablen Lage. Das ungesunde System kann also nur durchbrochen werden, wenn sich zuerst der Überengagierte ändert. Er darf anderen nicht mehr alles abnehmen und muss dabei konsequent sein. Das wird Folgen haben und kann Ärger auslösen. Aber Überengagement ist keine wahre Liebe und hilft dem anderen nicht. Vielmehr stecken oft noch tiefere Verhaltensmuster dahinter, mit denen wir „Schluss machen" müssen, z. B. Kontrollsucht.

Fünf schwerwiegende Folgen von Überengagement sind:

- Es führt in die Verbitterung, meist denjenigen gegenüber, denen wir „helfen".
- Es verhindert den Reifeprozess und die Eigenverantwortlichkeit anderer.
- Es lenkt von der eigentlichen Berufung ab (für die wir im Moment keine Zeit haben).
- Es schadet der eigenen Gottesbeziehung, weil wir Gott häufig sagen, was er für uns tun muss, um uns die Überlastung abzunehmen.
- Es zerstört echte Gemeinschaft.

Tauschen Sie über die folgende Frage aus:

Gibt es im Moment Dinge, die Sie jemandem abnehmen, die er oder sie eigentlich selbst tun könnte und sollte?

Bibelgespräch: Lukas 10,38–42

(25 Minuten)

In dieser Geschichte sehen wir Marta, völlig eingenommen von den Essensvorbereitungen für Jesus und seine zwölf Jünger. Auf ihrer Aufgabenliste stehen vermutlich Dinge wie einkaufen, den großen Tisch decken, kochen, Matten, Tische und Teller von den Nachbarn ausleihen, das Haus putzen, Essen servieren und vor allem – und das mag der entscheidende Punkt sein – der Anspruch, alles perfekt hinzukriegen.

Marta will zu viel. Sie verliert sich so sehr in den Details ihrer Aufgaben, dass sie die Hauptsache aus den Augen verliert: mit Jesus zusammen zu sein.

Lesen Sie den Bibeltext gemeinsam.

1. Mit welchen Worten wird Martas aufgewühlter Seelenzustand in den Versen 40-42 beschrieben?

Beschreiben Sie Martas Haltung Jesus und Maria gegenüber (Vers 40).

2. Versetzen Sie sich in Martas Lage. Was könnten die treibenden Kräfte hinter ihrem Unmut sein? (Z. B.: Sie bittet nicht gern um Hilfe. Sie ist Perfektionistin. Sie will alles unter Kontrolle haben. Die anderen sollten ihre Hilfe von sich aus anbieten, ohne gefragt werden zu müssen.)

3. Was hätte Marta anders machen können, um weniger Stress zu haben und Jesu Besuch zu genießen?

4. Jesus geht einfühlsam auf Martas Sorgen ein, indem er sie einlädt, sich mit Maria zu seinen Füßen zu setzen: „Marta, Marta, du bist um so vieles besorgt und machst dir so viel Mühe. Nur eines aber ist wirklich wichtig und gut!"(Lukas 10,41-42a). Ersetzen Sie „Marta" durch Ihren Namen. Was macht das mit Ihnen?

Persönliche Umsetzung

(25 Minuten)

1. Versetzen Sie sich in eine Situation, in der Sie überengagiert sind. An welcher Stelle lädt Gott Sie ein loszulassen – sei es zu Hause, bei der Arbeit, in der Gemeinde, in einer Freundschaft, mit Ihrer Verwandtschaft etc.?

   Nennen Sie eine negative Folge Ihres Überengagements. Trifft einer der Punkte zu, die im Abschnitt „persönlicher Austausch" genannt sind?

2. Es gibt viele verschiedene Gründe, warum wir uns übermäßg engagieren. Lesen Sie aus der folgenden Tabelle langsam die Satzanfänge unter „Gründe für mein Überengagement" vor.
   Suchen Sie sich einen Satzanfang heraus, der Sie am meisten anspricht, und vervollständigen Sie den Satz für sich.

Gründe für mein Überengagement	Gegenmittel
Ich bitte nicht gerne um Hilfe, weil …	Ich kann um Hilfe bitten, weil …
Alles muss genauso sein, wie ich es mir vorstelle, weil …	Nicht alles muss nach meiner Vorstellung laufen, weil …
Ich muss alles im Griff haben, weil …	Ich muss nicht immer alles im Griff haben, weil …
Ohne mich geht es nicht, weil …	Ich kann loslassen, weil …
Meine Art und Weise ist die beste, weil …	Mein Vorgehen ist nicht immer das Beste, weil …
Ich muss alles selber machen, weil …	Ich muss nicht immer alles selber machen, weil …
Sonstiges	Sonstiges

3. Vervollständigen Sie nun als Gruppe die Sätze in der Gegenmittel-Spalte, indem Sie die Liste Punkt für Punkt langsam durchgehen.

Wenn es die Zeit erlaubt, beten Sie füreinander.

Häufig gestellte Fragen

(5 Minuten)

Versuchen Sie die Fragen gemeinsam zu beantworten, bevor Sie die persönlichen Antworten der Autoren lesen.

1. Ich habe Angst, selbstsüchtig und weniger liebevoll zu werden, wenn ich versuche, aus dem Überengagement auszusteigen. Ich kenne zu viele Christen, die nichts für andere tun. Was sagen Sie dazu?

Antwort: Könnte es sein, dass diejenigen, die nicht helfen, keine Verantwortung übernehmen und die Überengagierten arbeiten lassen? Es ist eine Herausforderung und es braucht Glauben, um aus dem System auszusteigen. Das Resultat ist positiv, aber der Weg dorthin manchmal schwer, wenn Widerstände kommen. Geben Sie nicht auf!

2. Was, wenn Gott uns in bestimmten Situationen dazu beruft, alles für eine andere Person zu tun (Überengagement für einen guten Zweck)?

Antwort: Situationen, in denen wir Menschen helfen, die sich nicht selbst helfen können, haben nichts mit Überengagement zu tun. Da ist unser ganzer Einsatz gefragt, wenngleich wir auch hier darauf achten müssen, uns nicht selbst ganz aufzugeben, sondern ggf. andere um Mithilfe zu bitten.

Zum Weiterdenken

(5 Minuten)

Nehmen Sie sich Zeit, um vor Gott zur Ruhe zu kommen, und beantworten Sie dann die folgenden Fragen.

1. Was habe ich heute über mich, über andere oder über Gott gelernt?

2. Was wäre ein erster, kleiner Schritt, den ich gehen kann, um aus meinem Überengagement auszusteigen?

Gemeinsames Gebet

Herr, hilf uns, andere auf gesunde Weise zu lieben und so zu leben, wie du uns gedacht hast, indem wir unsere eigenen Grenzen beachten. Hilf uns, darauf zu vertrauen, dass du alles unter Kontrolle hast und dich um die Menschen und Situationen kümmerst, die uns am Herzen liegen. Amen.

Vorbereitung: Lesen Sie aus dem Buch „Ich geb auf mich acht" (vormals: „Jetzt ist Schluss!") Kapitel 7 („Schluss mit falschem Denken").

Woche 7

Schluss mit falschem Denken

Textgrundlage: „Ich geb auf mich acht", Kapitel 7

Falsches Denken heißt: Ich glaube etwas, das nicht wahr ist. Mark Twain sagte einmal: „Nicht das, was du nicht weißt, bringt dich in Schwierigkeiten, sondern das, was du sicher zu wissen glaubst, obwohl es gar nicht wahr ist." Falsches Denken kann zerstörerische Folgen haben. Wenn wir uns allerdings dazu entschließen, verdrehte und fehlerhafte Annahmen über Bord zu werfen, werden wir frei von Ohnmacht, Hoffnungslosigkeit, falschen Schuldgefühlen und unnötigem Schmerz.

Falsches Denken ist deshalb so gefährlich, weil es uns größtenteils gar nicht bewusst ist. Und es ist ansteckend und verbreitet sich wie ein Buschfeuer! Falsches Denken kommt an ganz vielen Stellen in unserem Leben vor und hat beträchtliche Konsequenzen: Es beeinflusst unser Glaubensleben und behindert das Wirken des Heiligen Geistes in und durch uns.

Zum Einstieg

(10 Minuten)

Welche Grundeinstellung hatten Ihre Eltern (oder andere enge Bezugspersonen): War für sie das Glas immer eher halb voll oder halb leer? Wie hat Sie diese (eher positive oder eher negative) Sicht auf die Dinge beeinflusst?

Persönlicher Austausch

(10 Minuten)

Können Sie sich an eine Situation erinnern, wo jemand etwas über Sie gedacht hat, das nicht stimmte? Wie haben Sie sich dabei gefühlt, was haben Sie gedacht? Tauschen Sie sich darüber aus. (Z. B. Mein Bruder lud mich nicht zur Geburtstagsfeier seiner Frau ein, weil er dachte, ich sei zu beschäftigt. Das hat mich verletzt. Oder: Mein Chef nahm an, ich wolle nicht über Nacht weg sein, um an einer Fortbildung teilzunehmen. Ich war wütend und traurig, dadurch diese gute Gelegenheit verpasst zu haben. Oder: Eine Freundin von mir fand mich unhöflich und unsensibel, weil ich nicht auf ihre E-Mail-Einladung reagiert habe. In Wirklichkeit habe ich ihre E-Mail aber nie erhalten.)

Bibelgespräch: 1. Könige 19,1-12.18

(25 Minuten)

Stellen Sie sich vor, Sie leben in einem Land, wo es nur noch eine Handvoll Christen gibt – ohne Kirchen, ohne Hauskreise und Bibelstunden, ohne christliche Bücher und ohne Möglichkeit zur Gemeinschaft. So ähnlich erging es Elia. Das Volk Israel hatte sich vom lebendigen Gott abgewandt und folgte einem Götzen, Baal. Die vorliegende Geschichte setzt ein, kurz nachdem Elia öffentlich 450 falsche Baals-Propheten entlarvt und die Kraft des lebendigen Gottes Israels bewiesen hat (1. Könige 18). Ahab und Isebel waren zu jener Zeit in Israel an der Macht.

Lesen Sie den Bibeltext gemeinsam.

1. Wie würden Sie Elias Gemütszustand beschreiben, als er von Isebels Morddrohung hörte?

2. Nachdem Gott einen Engel sandte, um ihm Nahrung zu bringen und ihn zu stärken, zog sich Elia in eine Höhle zurück, wo er die Nacht verbrachte. Beschreiben Sie Elias Antwort (Vers 10) auf Gottes Frage: „Elia, was tust du hier?“ mit Ihren eigenen Worten.

3. Schauen Sie sich die folgenden Aussagen an, die Elias falsches Denken aufzeigen:

   „Lass mich sterben! Irgendwann wird es mich sowieso treffen, wie meine Vorfahren“ (Vers 4).

   „Nur ich bin übrig geblieben, ich allein. Und nun trachten sie auch mir nach dem Leben! (Vers 10).

   Wie geht Gott auf das falsche Denken von Elia ein? (Verse 5-7.18)

4. Elias Leben änderte sich schlagartig, als er Gott erlaubte, sein falsches Denken zu korrigieren. In welchen Situationen oder bei welchen Menschen werden Sie von falschen Annahmen negativ beeinflusst?

Persönliche Umsetzung

(30 Minuten)

Es gibt drei Hauptarten falschen Denkens, die unseren Blick auf das Leben verzerren:

Dinge persönlich nehmen. Wir nehmen (jemandem) etwas übel oder übernehmen für etwas die Schuld oder die Verantwortung, worüber wir uns noch kein vollständiges Bild gemacht haben.

Es ändert sich sowieso nichts. Wir glauben, dass die Vergangenheit (automatisch und unausweichlich) die Zukunft bestimmt.

Alles-oder-nichts-Denken. Damit übertreiben wir und machen Dinge gröSßer, als sie eigentlich sind. Wir benutzen Worte wie: immer, alles, jeder, nie.

Vervollständigen Sie die folgenden Beispiele, am besten in Dreiergruppen:

1. Lesen Sie die Beispiele von S. 58 und finden Sie eine Formulierung für die leeren Felder.

Dinge persönlich nehmen

Falsches Denken	**Richtiges Denken**
Der Pastor hat nur meine Freundin begrüßt, mich aber nicht. Er mag mich wohl nicht.	Vielleicht hat der Pastor mich gar nicht gesehen oder er war gerade abgelenkt; vielleicht war ihm nicht bewusst, dass ich mich über eine Begrüßung freue.
Mein Chef kam viel zu spät zu unserem Treffen. Er hält wohl nicht viel von mir.	Nicht alles muss nach meiner Vorstellung laufen, weil …
Ich muss alles im Griff haben, weil …	Ich muss nicht immer alles im Griff haben, weil …
Ohne mich geht es nicht, weil …	Ich kann loslassen, weil …
Meine Art und Weise ist die beste, weil …	Mein Vorgehen ist nicht immer das Beste, weil …
Ich muss alles selber machen, weil …	Ich muss nicht immer alles selber machen, weil …
Meine Freundlin hat nicht auf meine Email reagiert, weil …	

Es ändert sich sowieso nichts.

Falsches Denken	Richtiges Denken
Ich werde nie eine Gemeinde finden, die mir gefällt.	Es gibt viele gute Gemeinden. Mit etwas Zeit und Geduld werde ich eine Gemeinde finden, die mir entspricht.
Aufgrund der Lernschwäche meines Sohnes wird mein Leben immer schwierig sein.	Ich kann nach Hilfestellungen suchen, die es mir einfacher machen, mit den Schwierigkeiten meines Sohnes zurechtzukommen. Die Zukunft muss nicht so schwierig werden, wie es die Vergangenheit war.
Ich werde nie eine gesunde Liebesbeziehung führen können.	

Alles oder nichts

Falsches Denken	Richtiges Denken
Mein Auto ist schon wieder kaputt. Bei mir geht immer alles schief.	Obwohl mein Auto kaputt ist, gibt es viele gute Dinge in meinem Leben: Ich bin gesund, habe einen Job, eine Familie, Freunde etc.
Alle Anwälte sind Betrüger.	Es gibt sicherlich unehrliche Anwälte, aber einige sind wirklich gut.
Meine Kollegin ist keine gute Mitarbeiterin.	

2. Tragen Sie in die Tabelle auf S. 60 Folgendes ein:
   - Unter „Falsches Denken“ schreiben Sie einen falschen Gedankengang auf, den Sie kürzlich hatten. (Wählen Sie eine der drei oben genannten Kategorien.)
   - Unter „Richtiges Denken“ schreiben Sie Ihre falschen Gedanken so um, dass sie eine gesündere Denkweise widerspiegeln. (Falls jemand nicht weiterkommt, helfen Sie sich gegenseitig.)
   - Teilen Sie Ihre Antworten den anderen in der Gruppe mit.

Falsches Denken	Richtiges Denken

Was haben Sie durch diese Übung gelernt?

Häufig gestellte Fragen

(5 Minuten)

Versuchen Sie die Fragen gemeinsam zu beantworten, bevor Sie die persönlichen Antworten der Autoren lesen.

1. Gibt es nicht noch andere Arten von falschem Denken, besonders bei Christen? Warum haben Sie sich auf diese drei hier beschränkt?

Antwort: Diese drei Arten des falschen Denkens sind sehr verbreitet und richten in unseren Beziehungen (auch in der Beziehung zu Gott) großen Schaden an. Wenn wir Dinge über andere annehmen, die nicht wahr sind, verstoßen wir gegen das 8. Gebot: „Sag nichts Unwahres über deinen Mitmenschen" (2. Mose 20,16). Es ist also ein zutiefst geistliches Thema!

2. Wenn falsches, negatives Denken schon lange in meiner Familie verwurzelt ist, gibt es dann überhaupt einen Ausweg? Was kann ich konkret tun?

Antwort: Es stimmt, dass unsere Herkunftsfamilie starken Einfluss darauf hat, welche Sicht wir auf die Welt haben, ob wir Menschen und Dingen gegenüber eher negativ oder eher positiv eingestellt sind. Aber: Mit Gottes Hilfe können wir damit anfangen, unsere Gedanken bewusst in eine neue Richtung zu lenken. Gott hat uns so geschaffen, dass Veränderung unseres Denkens immer möglich ist – bis ins hohe Alter.

Zum Weiterdenken

(5 Minuten)

Nehmen Sie sich Zeit, um vor Gott zur Ruhe zu kommen, und beantworten Sie dann die folgenden Fragen.

1. Was habe ich heute über mich, über andere oder über Gott gelernt?

2. Was wäre ein erster, kleiner Schritt, den ich gehen kann, um mein falsches Denken zu verändern?

Gemeinsames Gebet

Jesus, zeige jeder Einzelnen von uns, wo wir Verkehrtes denken. Hilf uns, in der Wahrheit zu leben, keine falschen Annahmen mehr zu machen und Dinge nicht mehr persönlich zu nehmen. Fülle uns mit der Kraft des Heiligen Geistes, damit unser Denken mit der Wahrheit übereinstimmt. In Jesu Namen, amen.

Vorbereitung: Lesen Sie aus dem Buch „Ich geb auf mich acht" (vormals: „Jetzt ist Schluss!") Kapitel 8 („Schluss mit einem fremdbestimmten Leben").

Woche 8

Schluss mit einem fremdbestimmten Leben

Textgrundlage: „Ich geb auf mich acht", Kapitel 8

Gott hat uns einzigartig und einmalig gemacht. In jeden Menschen hat er eine besondere Kombination von Stärken, Gaben und Vorlieben gelegt und jeden von uns mit einem bestimmten Charakter und einer individuellen Persönlichkeit ausgestattet. Wir sind nicht durch Zufall in eine bestimmte Zeit hineingeboren worden und an einem speziellen Ort zur Welt gekommen. Das alles ist Teil seines göttlichen Plans für uns.

Unser ganz eigenes Leben zu leben, ist jedoch leichter gesagt als getan. E. E. Cummings, ein US-amerikanischer Dichter, sagte treffend: „Es erfordert großen Mut, erwachsen zu werden und zu der Person heranzureifen, die man wirklich ist." Wir brauchen also Entschlossenheit, die eigene Bestimmung zu finden und sie mit unserem Leben zur Entfaltung zu bringen.

Trotz des großen Drucks und vieler Erwartungen von seinem Umfeld blieb Jesus sich selber und seiner Berufung treu und erfüllte den Auftrag seines Vaters (Johannes 17,4).

Gleichermaßen will Gott, dass wir von ganzem Herzen unserer gottgegebenen Berufung folgen und nicht zulassen, dass die Erwartungen anderer uns von unserem Weg abbringen. Wenn wir das schaffen, werden wir frei – und die Menschen um uns herum ebenfalls.

Zum Einstieg

(5 Minuten)

Welche Menschen möchten Sie auf gar keinen Fall enttäuschen? Warum?

Persönlicher Austausch

(15 Minuten)

Je weniger wir die acht „Schluss mit ...“-Bereiche umsetzen, desto weniger leben wir das Leben, zu dem wir berufen sind.

Oft erscheint uns ein fremdbestimmtes Leben jedoch einfacher, weil wir den Erwartungen anderer gerecht werden und niemanden enttäuschen. Sein eigenes Leben zu leben braucht Mut!

Das sehen wir auch im Leben von David. Er stand über der Kritik seiner älteren Brüder; er lehnte die Hilfestellung von König Saul ab („Nein, diese Rüstung passt mir nicht“); und er ließ sich nicht von Goliath einschüchtern (1. Samuel 17,26-45). David hatte eine tiefe Gottesbeziehung (wie wir in den Psalmen lesen), er konnte differenzieren (zwischen dem, was die anderen wollten, und dem, wer er war), und er blieb sich treu.

Sein eigenes Leben zu leben ist gleichbedeutend mit Integrität: Ich bin ich – innerlich und äußerlich. Es gibt keine Diskrepanz zwischen meinen inneren Werten und Gedanken und dem, was ich sage und tue. Dadurch spiegle ich auch meine gottgegebene Einzigartigkeit wider. Wenn ich mein Leben nicht lebe, wer sonst?

Tauschen Sie sich in Zweiergruppen über die folgende Frage aus:

Wann oder wem gegenüber fühlen Sie sich unter Druck, nicht Sie selber sein zu dürfen?

Bibelgespräch: Markus 3,20-22.31-34

(25 Minuten)

Dreißig Jahre lang lebte Jesus relativ still und unauffällig in seiner Familie und in der Dorfgemeinschaft. Als er begann, öffentlich in „Vollmacht" zu lehren, Dämonen auszutreiben, Kranke zu heilen, sich mit den religiösen Führern anzulegen und eigene Jünger zu berufen, nahm der Druck auf ihn zu.
Lesen Sie den Bibeltext gemeinsam.

1. Stellen Sie sich vor, Sie wären Teil der Menschenmenge (Verse 20-22). Beschreiben Sie die Atmosphäre um sich herum. Was sehen, hören und empfinden Sie?

2. Versetzen Sie sich nun in die Lage von Jesus. Welchen Druck verspüren Sie von:

   der Familie?

   den religiösen Führern?

3. Welche Selbstzweifel hätten Sie womöglich beschlichen, wären Sie Jesus gewesen?

4. Wie reagieren Sie, wenn Sie kritisiert werden, weil Sie Gottes Plan für Ihr Leben folgen?

Persönliche Umsetzung

(30 Minuten)

Es ist das Ziel von „Ich geb auf mich acht", Ihnen zu zeigen, wie wir immer mehr in Christus verwandelt werden können, und Ihnen einige wirksame Prinzipien an die Hand zu geben. Außerdem wollen wir Sie darin unterstützen, ausgetretene Pfade zu verlassen und allgemein akzeptierte Verhaltensweisen zu hinterfragen, die nicht zum Reich Gottes gehören.
Lesen Sie gemeinsam die folgende Zusammenfassung der acht „Schluss mit …"-Bereiche, mit denen wir uns befasst haben:

- **Schluss mit: Was denken die anderen von mir?**
  Gründen Sie Ihre Identität in Gottes Liebe. Machen Sie Ihren Selbstwert nicht mehr von der Anerkennung anderer abhängig.
- **Schluss mit Lügen**
  Leben Sie vollkommen aufrichtig sich selbst, Gott und anderen gegenüber. Geben Sie nicht mehr vor, alles sei in Ordnung, wenn das nicht stimmt.
- **Schluss mit falscher Selbstverleugnung**
  Nehmen Sie die vielen Geschenke an, die Gott Ihnen gibt, damit Sie Freude und Erfüllung für Ihre Seele erleben. Sterben Sie nicht länger den Dingen, die Ihnen neue Kraft spenden und Sie lebendig machen.
- **Schluss mit der Verdrängung von Wut, Traurigkeit und Angst**
  Nehmen Sie Ihre gottgegebene Menschlichkeit an und damit auch Ihre „schwierigen" Emotionen. Genau durch *sie* will Gott Ihnen begegnen. Unterdrücken Sie Ihre Gefühle nicht mehr.
- **Schluss mit Schuldzuweisungen**
  Übernehmen Sie Verantwortung für Ihr eigenes Leben und Wohlbefinden. Werfen Sie Ihre gottgegebene persönliche Freiheit, Entscheidungen zu treffen, nicht weg.
- **Schluss mit Überengagement**
  Tun Sie nichts für andere, was diese für sich selbst tun könnten oder sollten. Hören Sie auf, Menschen und Umstände kontrollieren zu wollen.

- **Schluss mit falschem Denken**
  Leben Sie in der Wahrheit, und verharren Sie nicht in verzerrten Denkmustern. Verzichten Sie auf falsche Annahmen, die Ihnen Kraft rauben und unnötigen Schmerz verursachen.
- **Schluss mit einem fremdbestimmten Leben**
  Nehmen Sie die Herausforderung an, und leben Sie Ihr Leben nach Gottes Plan, einmalig, unwiederholbar. Lassen Sie es nicht länger zu, dass andere Ihr Leben bestimmen.

1. Welcher der „Schluss mit ...“-Bereiche hat Sie am meisten angesprochen? Warum?

2. Welches „Schluss mit ...“ ist für Sie am schwersten umzusetzen?

3. Gibt es einen Schritt, zu dem Gott Sie ermutigt oder herausfordert, wenn Sie die ersten beiden Fragen überdenken?

4. Tauschen Sie sich über einige Ihrer Antworten zu den Fragen 1 bis 3 aus. Bilden Sie dafür Dreiergruppen.

5. Welche Hoffnung oder welchen Traum verknüpfen Sie damit, diese „Schluss mit ...“-Anregungen in Ihrem Leben umzusetzen? Tauschen Sie sich in der Gruppe darüber aus.

Häufig gestellte Fragen

(10 Minuten)

Versuchen Sie die Fragen gemeinsam zu beantworten, bevor Sie die persönlichen Antworten der Autoren lesen.

1. Vieles von dem, was Sie lehren, hat zu tun mit Reflexion, Gebet und auf die innere Stimme hören. Warum macht es Gott so schwer?' Warum sagt er uns nicht klar und deutlich, was es heißt, nicht fremdbestimmt zu leben – so wie er es z. B. bei Mose tat?

Antwort: Eigentlich ist es gar nicht so schwer – wir achten nur zu wenig auf die Hinweise Gottes. Deshalb ist es wichtig, in unserem Leben Zeiten zum Reflektieren, Hören und Aufmerken zu schaffen, um sensibel dafür zu werden, wenn das Leben uns überholt.

2. Ich habe fast mein ganzes Leben nach den Erwartungen anderer gelebt. Ich kann mir kaum vorstellen, so frei zu werden, wie Sie es beschreiben. Ich bin überfordert von all dem, was mir bevorsteht, und dem, was ich ändern müsste, um emotional gesund zu werden. Können Sie mir weitere Hilfestellungen geben?

Antwort: Betrachten Sie nicht den ganzen Weg auf einmal. Fangen Sie klein an, und tun Sie einen Schritt nach dem anderen! Achten Sie auf das, was in Ihnen vorgeht. In welche Richtung Ihr Leben gehen soll, das beginnt in Ihnen. Suchen Sie sich eine Gruppe, die Sie unterstützt, und machen Sie sich immer wieder wichtige Wahrheiten bewusst (siehe S. 77f.: Leitsätze für ein emotional gesundes Christsein).

3. Wie könnten die nächsten Schritte aussehen, nachdem wir diesen Kurs gemacht haben?

Antwort: Arbeiten Sie die Themen immer wieder durch. Wir werden unser Leben lang „Schluss mit ..." machen müssen, in kleineren oder größeren Bereichen. Mit der Zeit wächst unsere Sensibilität für diese Dinge. Ziel ist es, ehrlicher zu lieben – sich selbst, Gott und andere Menschen.

Zum Weiterdenken

(5 Minuten)

Nehmen Sie sich Zeit, um vor Gott zur Ruhe zu kommen, und beantworten Sie dann die folgenden Fragen.

1. Was habe ich heute über mich, über andere oder über Gott gelernt?

2. Was wäre ein erster, kleiner Schritt, den ich (heute) gehen kann, um mein eigenes, gottgegebenes Leben zu leben?

Gemeinsames Gebet

Vater, hilf uns, immer wieder aus der Hektik des Alltags auszubrechen und zu entdecken, was du uns sagen möchtest. Hilf uns, täglich auf deine Stimme zu hören. Erfülle uns mit dem Heiligen Geist, damit wir mutig Schluss machen können mit all den Dingen, die nicht in dein Reich und zu einem Leben als Christ gehören. In Jesu Namen, amen.

Leitfaden für Gruppenleiter

Allgemeine Hinweise

1. Wenn sich die Gruppe in kleinere Einheiten von zwei bis vier Leuten aufteilt (meist bei „Persönliche Umsetzung"), ist es wichtig, dass in jeder Kleingruppe jemand die Zeit im Auge behält, damit alle genügend Zeit zum Erzählen haben. Beachten Sie: Jeder hat die Freiheit zu reden oder nichts zu sagen. Wir laden dazu ein, sich zu öffnen, aber ohne Druck. Falls Ihre Gesamtgruppe größer ist als acht bis zehn Leute, mag es sinnvoll sein, diese auch bei den anderen Übungen aufzuteilen.
2. Am Ende von „Persönliche Umsetzung" steht oft die Einladung, füreinander zu beten. Verschiedene Faktoren entscheiden, wie Sie hier das Gebet einsetzen: die Offenheit und Tiefe in der Gruppe, die noch zur Verfügung stehende Zeit und wie sicher sich die Teilnehmerinnen fühlen: Können und wollen sie in der großen Gruppe beten? Am allerwichtigsten ist die Frage: Was tut der Heilige Geist? Es kann sein, dass Sie spüren, dass es besser ist, selber ein Schlussgebet zu sprechen als verschiedene Leute laut beten zu lassen.
3. Geben Sie genügend Zeit zum Ausfüllen der „Persönlichen Umsetzung". Hier dürfen die Teilnehmerinnen sich Zeit nehmen zum persönlichen und gezielten Hören auf Gott.
4. Wo es angebracht ist, erzählen Sie aus Ihrem Leben, auch als Vorbild für Offenheit, Transparenz und Verletzlichkeit.

5. Denken Sie daran: Wir sind nur Experten für unseren eigenen Glaubensweg. Respektieren Sie, wo sich jede einzelne Frau auf ihrem Glaubensweg befindet. Der Heilige Geist führt individuell, sowohl was den Zeitpunkt als auch was die Themen anbelangt. Menschen ändern sich langsam – und das gilt auch für Sie!
6. Bei „Ich geb auf mich acht" geht es um geistliches Wachstum. Der Kurs ist kein Ersatz für Seelsorge oder eine Therapie. Es kann aber immer Teilnehmer geben, deren Bedürfnisse den Rahmen dieser Gruppe sprengen. Diese sollten Sie an ausgebildete Seelsorger oder Therapeuten weiterleiten.
7. Beten Sie auch zwischen den Treffen für die Teilnehmerinnen. Bitten Sie Gott, ihnen die Augen zu öffnen, damit sie diese biblischen Schlüsselwahrheiten erkennen und umsetzen können.
8. Weitere theologische Zusammenhänge zu emotional gesunder Spiritualität finden Sie in den Büchern „Glaubensriesen – Seelenzwerge?" (Brunnen, 2014) und „Das Paulus-Prinzip" (Francke-Buchhandlung, 2015).
9. Ermutigen Sie die Gruppenteilnehmerinnen, die „Bestandsaufnahme der geistlichen und emotionalen Reife" auszufüllen. Sie finden Sie in dem Buch „Das Paulus-Prinzip" (Francke-Buchhandlung, 2015) im 4. Kapitel.

Anmerkungen zu den einzelnen Einheiten

Woche 1: Schluss mit: Was denken die anderen von mir?

Bibelgespräch

Zu Frage 3: Als Folge von Aarons Angst hätte Gott beinahe das ganze Volk vernichtet. Damit wäre der Heilsplan Gottes für diese Menschen verhindert worden. Gott sandte eine Seuche, die 3000 Opfer forderte. Der Schmerz und die Verwirrung waren groß. Außerdem wurde Aaron in seiner Autorität geschwächt, als er wider besseren Wissens handelte. Sie finden im Buch „Ich geb auf mich acht"/ „Jetzt ist Schluss!" auf den Seiten 26–30 weitere Beispiele zum Thema „Angst vor dem, was die anderen von mir denken".

Persönliche Umsetzung

Bis zum Erreichen des Erwachsenenalters haben wir Millionen von Botschaften in uns abgespeichert, verbale wie nonverbale. Sie kommen von unseren Familien und der Gesellschaft. Diese Botschaften vermitteln uns, was wir tun sollten, wie wir zu sein haben, was für Emotionen erlaubt sind, um geliebt und akzeptiert zu sein. Dementsprechend ist es ein längerer Prozess, unsere Gedanken neu zu programmieren, damit wir uns so sehen können, wie Gott uns sieht.

Häufig gestellte Fragen
Kapitel 8 „Wege zu einer vertieften Spiritualität" in „Glaubensriesen – Seelenzwerge?" (Brunnen, 2014) und das Buch „Mitten am Tag bist du mir nah. Acht Wochen mit dem Tageszeitengebet" (Brunnen, 2015) sind gute Hilfen, um tiefer in der Liebe Gottes verwurzelt zu werden.

Woche 2: Schluss mit Lügen

Bibelgespräch
Zu Frage 3: Hier ist es vielleicht hilfreich, sich konkrete Beispiele vor Augen zu halten und entsprechende Fragen zu stellen: Wie steht es mit der Fähigkeit dieser Menschen, wirklich zu lieben oder sich anderen verbunden zu fühlen? Wie ist es mit Oberflächlichkeit, Festhalten an bestimmten Dingen oder Mustern oder der Offenheit Gott gegenüber?

Woche 3: Schluss mit falscher Selbstverleugnung

Bibelgespräch
Zu Frage 1: Gott betrachtete seine Schöpfung mit großer Freude. Sechs Mal sagte er: „... es ist gut", und in Vers 31 folgt der Höhepunkt: „Es ist sehr gut." Gott strahlte vor Freunde und bestaunte sein Meisterwerk wie ein Künstler, der sagt: „Was ich hier vollbracht habe, ist wunderschön! Absolut fantastisch!"
Zu Frage 3: Es ist ganz wichtig, dass wir als Gruppenleiter in dem Punkt eine ausgewogene biblische Perspektive haben. Die Schrift lehrt uns, dass wir Menschen sowohl gut (1. Mose 1-2) als auch sündig sind (1. Mose 3). Das ist ein Paradox in der biblischen Theologie, scheinbar widersprüchliche Wahrheiten. Wir finden in der Bibel noch weitere solcher scheinbarer Widersprüche. Zum Beispiel:
Wenn wir unser Leben aufgeben, finden wir es.
Die Letzten werden die Ersten sein.
Tod bringt Leben.
Je mehr du weißt, desto deutlicher erkennst du, wie wenig du weißt.
Um das Licht zu erkennen, müssen wir zuerst in die Dunkelheit gehen.
Wir hören am besten in der Stille.

Woche 4: Schluss mit der Verdrängung von Wut, Traurigkeit und Angst

Bibelgespräch

Zu Frage 1: Beachten Sie die Bildersprache mit wilden Stieren, brüllenden Löwen, die ihre Beute zerfleischen wollen (Psalm 22,13-14). Damit wird die Stärke und auch die Grausamkeit von Davids Feinden herausgestellt. Am Ende des Psalms, in den Versen 23-32, bekräftigt David jedoch, dass Gott der allmächtige Herr und König ist, der über alle Völker herrscht. David will sein Versprechen einlösen und Gott sein Lob bringen.

Zu Frage 2: Zwei Drittel aller Psalmen sind Klagen oder Beschwerden. Jesus, unser Herr, war „von Krankheit und Schmerzen … gezeichnet" (Jesaja 53,3). Er zitierte sogar die Worte aus Psalm 22,2, als er am Kreuz hing. Die Hebräer zerrissen damals ihre Kleider als Zeichen der Trauer und trugen Sack und Asche. Jesus schrie unter Tränen zu Gott (Hebräer 5,7). Gott war zu Zeiten Noahs bekümmert über die Menschen (1. Mose 6). Nach dem Fall von Jerusalem schrieb Jeremia ein ganzes Buch – die Klagelieder. Das alles steht in starkem Gegensatz zu unserer heutigen westlichen Kultur, die so oft Schwierigkeiten und Verlust verneint und zu vermeiden versucht.

Persönliche Umsetzung

Zu den Fragen 1 und 2: Es ist gut, wenn Sie als Gruppenleiterin ein persönliches Beispiel anführen können. Wenn Sie kein eigenes haben, verweisen Sie auf eine Erfahrung, von der Geri im Buch „Ich geb auf mich acht"/„Jetzt ist Schluss!" berichtet.

Woche 5: Schluss mit Schuldzuweisungen

Zum Einstieg

Erzählen Sie zum Einstieg ein oder zwei Beispiele aus Ihrem Leben.

Bibelgespräch

Zu Frage 2: Machen Sie klar, dass weder Adam noch Eva in irgendeiner Weise Verantwortung übernahmen für ihre Entscheidungen. Adam schob Eva die Schuld in die Schuhe. Eva beschuldigte die Schlange. Wir benutzen oft Schuldzuweisungen als Schutzmechanismus oder als Ausrede, um keine Verantwortung für unsere Entscheidungen übernehmen zu müssen.

Zu den Fragen 3 und 4: So traurig es ist, aber Schuldzuweisungen gab es schon immer – in jeder Generation, Kultur und Nation. Achten Sie auf die feinen Nuancen!

Wenn es darum geht, die eigene Verantwortung anzuerkennen, gibt es einen Unterschied zwischen Selbstkonfrontation und Selbstanklage. Selbstkonfrontation führt zu Wachstum, Selbstanklage zu Verurteilung. Auch hier ist oft entscheidend, was wir in unseren Ursprungsfamilien gelernt haben und welche Botschaften uns dort vermittelt wurden. Und denken Sie daran: Auch Perfektionismus kann eine Quelle für Selbstanklage sein.
Letztlich ist es ein geistlicher Kampf. Satan wird in Offenbarung 12,10 beschrieben als Ankläger, der Tag und Nacht bei der Arbeit ist!

Woche 6: Schluss mit Überengagement

Persönlicher Austausch
Vielleicht müssen Sie hier einige Beispiele aus dem Kapitel 6 von „Ich geb auf mich acht"/„Jetzt ist Schluss!" anführen, um denjenigen in der Gruppe zu helfen, die mit diesem Konzept Mühe haben. Nochmals: Überengagement bedeutet: Ich tue für andere, was sie selber tun könnten und sollten.

Bibelgespräch
Zu Frage 1, zweiter Teil: Marta ist wütend und aufgebracht – besonders ihrer Schwester Maria gegenüber. Diese sitzt bei Jesus und genießt dessen Gegenwart. Marta ist zu beschäftigt und gereizt, um sich zu freuen, dass Jesus da ist.
Zu Frage 3: Marta hätte um Hilfe bitten, ein einfacheres Menü kochen, Verantwortung für ihr eigenes Handeln übernehmen, über ihre Erwartungen sprechen oder sich bewusst machen können, dass Gastfreundschaft kein Selbstzweck ist, sondern nur ein Mittel, um zum Wichtigsten zu gelangen: Gott und anderen gegenüber Liebe auszudrücken.

Persönliche Umsetzung
Fassen Sie eventuell den Abschnitt „Fünf schwerwiegende Folgen von Überengagement in Kapitel 6 des Buches „Ich geb auf mich acht"/„Jetzt ist Schluss!" noch einmal zusammen.
Zu Frage 3: Hier sind einige weitere Beispiele für „Gegenmittel":
Ich darf um Hilfe bitten, weil ich auch Bedürfnisse habe.
Es muss nicht immer alles nach mir gehen, weil ich mich auch irren kann.
Ich muss nicht immer alles im Griff haben, denn ich bin nicht Gott. Andere sollen auch die Gelegenheit haben, Verantwortung zu übernehmen.
Ich kann loslassen, weil Gott die Kontrolle hat. Er sitzt auf dem Thron und regiert das Universum.
Meine Art und Weise ist nicht immer die beste, weil Gott uns alle unterschiedlich geschaffen hat und oft unterschiedliche Wege für uns bereithält.

Ich muss nicht alles selber machen, weil auch Gott für mich handelt. Ja, er lädt mich sogar dazu ein, nicht nur Geber, sondern auch Empfänger zu sein.

Woche 7: Schluss mit falschem Denken

Zum Einstieg
Steigen Sie mit einem oder zwei persönlichen Beispielen ein, um die anderen in der Gruppe zu ermutigen, ihre Erfahrungen ebenfalls weiterzugeben.

Bibelgespräch
Elia war emotional sehr angeschlagen und konnte nicht mehr klar denken. Gott griff ein und begegnete ihm persönlich. Er stillte Elias dringendstes Bedürfnis nach Essen und Schlaf und stärkte ihn damit für die nächste Wegstrecke. Elia war dadurch in der Lage, Gott auf ganz neue Art zu sehen und zu hören (1. Könige 19,11ff.). Schließlich ließ Gott Elia wissen, dass er nicht allein war; es gab noch weitere 7000 Menschen, die dem Gott Israels ebenfalls treu geblieben waren (Vers 18).

Persönliche Umsetzung
Zu Frage 1: Hier einige mögliche Antworten für die leeren Kästchen „Richtiges Denken":
Meine Freundin hat nicht auf meine E-Mail reagiert: Ich sollte nicht denken, dass ich ihr nicht wichtig bin. Vielleicht hat sie die E-Mail nicht erhalten oder einfach vergessen, mir zu antworten. Vielleicht war ihr nicht bewusst, dass ich eine schnelle Antwort erwarte.
Ich werde nie eine gesunde Liebesbeziehung führen können: Ich kann Grundkompetenzen erlernen und mir Hilfestellung holen, um eine gesunde Paarbeziehung eingehen zu können und aufrechtzuerhalten. Meine Vergangenheit muss nicht meine Zukunft bestimmen.
Meine Kollegin ist keine gute Mitarbeiterin: Ich sollte nicht nur das Negative im Blick haben. Meine Kollegin hat in bestimmten Gebieten viel Wissen und Begabungen, in anderen Bereichen ist sie vielleicht nicht ganz so geeignet für diesen Job.

Woche 8: Schluss mit einem fremdbestimmten Leben

Bibelgespräch
Wichtig: „Jesus Christus musste mit denselben Versuchungen kämpfen wie wir (Hebräer 4,15).
Zu Frage 2: Mutter und Vater zu ehren, war in der Antike sehr wichtig. Sogar als er am Kreuz hing, blieb Jesus diesem Wert treu. Gleichzeitig war er klar und di-

rekt, als er die Menschen anwies, die Loyalität zu ihm über die Loyalität zu ihren biologischen Familien zu stellen: „Wer seinen Vater oder seine Mutter, seinen Sohn oder seine Tochter mehr liebt als mich, der ist es nicht wert, mein Jünger zu sein"(Matthäus 10,37). Mehr zu diesem Thema finden Sie in Kapitel 5 „Der Schritt zurück, der uns den Weg nach vorne freimacht" in „Glaubensriesen – Seelenzwerge?" (Brunnen, 2014).

Persönliche Umsetzung

Zu Frage 5: Lassen Sie genügend Zeit für die Beantwortung der Frage und geben Sie den Teilnehmerinnen Gelegenheit, ihre Hoffnungen und Träume zu formulieren.

Leitsätze für ein emotional gesundes Christsein

Um zu einem emotional gesunden Christsein zu gelangen, ist es gut und hilfreich, sich immer wieder folgende Aussagen[6] vor Augen zu führen und zu beherzigen:

Ich weiß zutiefst, dass Christus mich liebt. Diese bedingungslose und grenzenlose Liebe erwarte ich nicht in unangemessener Weise von anderen Menschen.

Ich liebe meinen Nächsten wie mich selbst. Ich nehme mein Ledigsein an, indem ich gute Freundschaften und Beziehungen pflege. Als verheiratete Person räume ich meinem Ehepartner und meinen Kindern Priorität ein.

Ich bin in gesunder Weise losgelöst von meiner Ursprungsfamilie und lebe als eigenständige Person, die auf ihre eigene innere Stimme hört.

Ich bin mit meinen Gefühlen in Einklang.

Ich kann gut und einfühlsam zuhören, ohne anderen sofort Lösungsvorschläge zu geben, sie zu korrigieren oder die Dinge für sie in die Hand zu nehmen.

Ich kann klar, ehrlich und mit Respekt meine Meinung sagen.

Ich kann Wut, Verletzung oder Angst ausdrücken, ohne mich oder andere anzuklagen, zu verteidigen oder Groll zu hegen.

Durch Selbstachtung und Selbstfürsorge bewahre ich meine eigene Würde als Mensch, geschaffen in Gottes Ebenbild.

Ich lebe in Gemeinschaft mit Menschen und respektiere zugleich ihre Einzigartigkeit.

Ich kann Kritik annehmen, ohne gleich in Abwehrhaltung zu gehen.

Ich kann zu meinen Überzeugungen und Werten stehen, ohne gleich auf Konfrontationskurs zu gehen.

Ich lebe in der Wahrheit und bin frei von „so tun, als ob", Schönrederei, Illusionen oder Übertreibungen.

Ich nehme meine Grenzen als Geschenk an.

Ich kann meine Andersartigkeit von anderen Menschen – und ihre Andersartigkeit von mir – ansprechen, respektieren und mich sogar daran freuen.

Ich bin bereit, auf Menschen zuzugehen, um zerbrochene Beziehungen wieder in Ordnung zu bringen (soweit möglich).

Anmerkungen

1 Für genauere Hinweise, wie wir aus der Hektik unseres Alltags ausbrechen und den Weg zu einer vertieften Spiritualität finden können, lesen Sie Kapitel 8 aus „Glaubensriesen – Seelenzwerge?“ (Brunnen, 2014). Das Buch „Mitten am Tag bist du mir nah“ (Brunnen, 2015) führt Sie in 8 Wochen in die alte Tradition des Tageszeitengebetes ein.

2 Thomas Merton, Christliche Kontemplation. Ein radikaler Weg der Gottessuche, Claudius Verlag München, 2. Auflage 2012, S. 64.

3 Henry Nouwen, Nimm sein Bild in dein Herz, Herder, 2006, S. 128.

4 Diese Bestandsaufnahme ist nur ein kleiner Auszug aus dem umfassenderen Fragebogen, der sich in Kapitel 4 des Buches „Das Paulus-Prinzip“ (Francke-Buchhandlung, 2015) findet.

5 Siehe dazu die Seiten 113ff. im Buch „Ich geb auf mich acht“/„Jetzt ist Schluss!“.

6 Aus: Pete und Geri Scazzero, Emotionally Healthy Skills 2.0, S. 99. Bislang nur auf Englisch erhältlich.

Bücher von Geri und Pete Scazzero

Ich geb auf mich acht
Eigene Bedürfnisse wahrnehmen,
Nein sagen lernen
208 Seiten
ISBN 978-3-7655-2029-7

LChoice App kostenlos laden,
dann Code scannen
und ganz einfach
beim Buchhändler
Ihrer Wahl bestellen

Glaubensriesen – Seelenzwerge
Geistliches Wachstum und
emotionale Reife
240 Seiten
ISBN 978-3-7655-1494-4

Der Begleitkurs dazu:

Glaubensriesen – Seelenzwerge
Begleitkurs für Gruppen
und Selbststudium
80 Seiten
ISBN 978-3-7655-0881-3

Mitten am Tag bist du mir nah
Acht Wochen mit dem
Tageszeitengebet
224 Seiten
ISBN 978-3-7655-4159-9